古典文獻研究輯刊

三　編

潘美月・杜潔祥　主編

第 1 冊

三　編　總　目

毛晉汲古閣刻書考

周彥文　著

國家圖書館出版品預行編目資料

毛晉汲古閣刻書考／周彥文著 — 初版 — 台北縣永和市：花木
蘭文化出版社，2006〔民95〕

目 2+140 面；19×26 公分（古典文獻研究輯刊 三編；第 1 冊）

ISBN：978-986-7128-43-0（精裝）
ISBN：986-7128-43-5（精裝）
1. 汲古閣 2. 版刻目錄 – 中國 – 明（1368-1644）
014.7　　　　　　　　　　　　　　　　　95015435

ISBN 986712843-5

9 789867 128430

古典文獻研究輯刊　　　　　ISBN：978-986-7128-43-0
三 編 第 一 冊　　　　　　ISBN：986-7128-43-5

毛晉汲古閣刻書考

作　　者　周彥文
主　　編　潘美月　杜潔祥
企劃出版　北京大學文化資源研究中心
出　　版　花木蘭文化出版社
發 行 所　花木蘭文化出版社
發 行 人　高小娟
聯絡地址　台北縣永和市中正路五九五號七樓之三
　　　　　電話：02-2923-1455／傳眞：02-2923-1452
電子信箱　sut81518@ms59.hinet.net
初　　版　2006 年 9 月
定　　價　三編 30 冊（精裝）新台幣 46,500 元　　　　版權所有・請勿翻印

《古典文獻研究輯刊》三編　書目

《三編》各書作者簡介・提要・目錄

第一冊　毛晉汲古閣刻書考

作者簡介

　　周彥文，1955 年生於台中，東海大學中文系學士、碩士，東吳大學中研所博士。現任教於淡江大學中文系及語獻所，講授課程以目錄學、文獻學、中國文學史爲主，著有《中國目錄學理論》。近年則致力於文獻學理論之研究。

　　本書爲周彥文撰於民國 69 年之碩士畢業論文。

【說明】

　　此書撰寫於民國 68 至 69 年間，爲保存全書原貌，故當時的用語皆不改動，如國家圖書館仍以「中圖」稱之等。兩岸互通後，當年不得見之汲古閣本現今多可得見，然本書亦未予增補。

提　要

　　歷來私人刻書，以明末清初之毛晉汲古閣所刻範圍最廣，數量亦最多。現可知者，即有六百五十餘種，近六千卷。其於古籍之傳佈及保存，有不可磨滅之功；尤以所刻多有歷代罕傳之書，因其刊刻廣傳，而使幾絕之書籍得以不滅，故於學林影響甚鉅。

　　本文分上、下兩篇述之。上篇爲總論，共分四章，首章冠緒言，以明撰述之本意。第二章爲「毛晉生平述略」，先明其人。第三章爲「毛晉之刻書事業」，分刻書之背景、動機、所用之稱謂、數量及流傳五節，依次述其刻書之梗概；另以汲古閣除刻本外，別有影鈔本名於世，故別立影鈔本一節，附於本章之末。第四章爲「汲古閣刻本之評價」，分前人評語、汲古閣刻本之實際情形、汲古閣在刻書史上應有之地位三節論之，內詳爲分析汲古閣刻本之刊雕源流及功過得失，以論定其於刻書史上之地位，實爲本文之重心所在。下篇則爲刻書考，依《四庫全書》之次第，分別

考訂汲古閣諸刻之刊雕過程及在台典藏現況等，以為上篇評價之依據，亦為讀汲古閣所刻諸書之參考。另有毛晉代他人刊雕，或知為汲古閣刻本而今不可得者，或為毛晉自撰者，則總為附錄一章，附於下篇之末。

目　錄

第二冊　《太平廣記》引書考

作者簡介

姓名：盧錦堂

籍貫：廣東省順德縣人。僑居澳門。民國 56 年負笈來臺

　　　出生日期：民國 37 年 5 月 4 日

學歷：國立政治大學中國文學系學士、國立政治大學中國文學研究所碩士、國立政
　　　治大學中國文學研究所博士班畢業並獲教育部頒國家文學博士學位。

經歷：國立中央圖書館編輯

　　　奉派參加中國圖書館學會「古籍鑑定與維護研習會」（民國 75 年）

　　　國家圖書館編審兼代特藏組主任

　　　國家圖書館編審兼漢學研究中心資料組組長

國家圖書館編審兼漢學研究中心副主任

民國 95 年 4 月自公職退休

現職：國立臺北大學中國古典文獻學研究所兼任副教授

著作：近撰論文有〈從國家圖書館所藏兩種宋元版佛經試探目鑑古籍版本的關鍵〉、
〈抗戰時期 香港方面暨馮平山圖書館參與國立中央圖書館搶救我國東南淪
陷區善本古籍初探〉、〈善本藏書題識一類文字的建構話語初探〉、〈記雷峰塔
出土《寶篋印經》〉等多篇，並於《全國新書資訊月刊》闢有「古籍版本鑑賞」
專欄。

提　要

　　古籍流傳迄今，散亡者多，汲古雅士，莫不興歎。若《太平廣記》者，宋太宗
敕修之書也，其於稗官野史徵引浩博，不特久佚者賴以存其鱗爪，即今傳而非完帙
者亦可據以增補，堪稱古今說部之淵藪，無怪乎後之輯收唐以前小說者，多取資於
是，其有功於來學，信不可滅。

　　本論文首為所據《廣記》諸本簡介（附述未見諸本）。蓋《廣記》久經傳鈔，今
所見諸本皆不免訛誤，吾人據以研究，不可不先審辨。或謂《廣記》鏤版雖早，言
者以為非學者所急，收墨版藏太清樓，故民間率爾繕寫，流傳未廣。宋本《廣記》，
天壤間恐無一存者，惟宋人著述頗有引及唐人小說之類，當時所見或屬原書，未必
出自《廣記》，要亦可與之互校，庶幾可藉以認知宋人所見《廣記》之一斑。

　　其次即為引書考正文。大抵分所引書為兩大類，即「見於歷代書志著錄者」與
「未見於歷代書志著錄者」，又各包括「卷首所列引用書目有者」、「卷首所列引用書
目無者」兩子目。而於各書，首考其撰人里籍及生平大略；次據歷代書志明其版本
之流傳，或就現存諸本予以簡介；再次，諸本《廣記》所注出處或他書所引有異者，
辨其是非，此亦本論文最為著力處；末則略記各書內容，間評其得失。

　　結論部分針對《廣記》引書作綜合分析，除指出「卷首所列引用書目與卷內所
引不符」外，復檢討其他如「引書名稱雜亂不統一」、「捨早出而引晚出之書」、「濫
注出處而未能徵實」、「複出或文異而事同之篇章不」、「不注出處篇章頗多」、「任意
竄改原文」諸失，最後重為《廣記》引書求出一較前賢所作為有據之統計數字，即
約 418 種。

　　末又有「《太平廣記》卷首所列引用書目」、「《太平廣記》未注出處條目表」、「《太
平廣記》有目無文條目表」三附錄，並殿以「參考書目及論文篇目」、「書名索引」，
便於學者檢索利用。

目　錄

第三、四、五冊　兩晉南北朝《爾雅》著述佚籍輯考

作者簡介

關於他⋯⋯這個人

他,很平凡,出生在一個平凡的家庭。

他,很認眞,不論是求學或工作,都心無旁騖、全力以赴。

他,很熱情,面對弱勢族群,總是毫不猶豫,即時的伸出援手。

或許,就是這平凡、認眞、熱情的生活態度,促使他能踏實的面對學術工作,因爲平凡,讓他正視自己的生命價值;

認眞,讓他發揮應有的潛力;

而熱情,卻迸發出他一次又一次的自我突破。　　〔綠茵〕

提　要

　　漢魏六朝《爾雅注》,目前僅郭璞注尙流傳於世,其餘各家均已亡佚。郭璞注之所以能流傳至今,自是因爲其內容相對出色,學術價值超越前人著作。然而從現存佚文來看,漢魏六朝《爾雅》相關著述的內容亦頗有可觀之處,因此自清代以來,即有不少學者投入《爾雅》佚注的輯佚工作。惟各家所輯,難免參差錯落,且迄至今日,仍沒有一部統整各家輯本的著作行世。有鑑於此,本書即以兩晉南北朝《爾雅》相關著述爲輯校對象,除就清儒輯本所輯佚文進行全面的校勘與檢討,存是去非,校勘訂外,並廣泛蒐檢唐宋時期的古注、類書等著述,增補前人所未見的佚文,逐條進行考證,期使兩晉南北朝《爾雅》相關著述得以精於前人所輯的面貌展現,不僅可更深入地瞭解兩晉南北朝時期《爾雅》學發展概況,同時也有助於釐清當時漢字詞義的發展情形,及提供兩晉南北朝音韻研究之題材。

　　本書所輯《爾雅》相關著述,計有郭璞《爾雅音義》、《爾雅注》佚文、《爾雅圖》、《爾雅圖讚》,沈旋《集注爾雅》、施乾《爾雅音》、謝嶠《爾雅音》、顧野王《爾雅音》八種。輯佚工作永無止境,本書所輯必然有所闕漏疏失,爾後若有新輯或修訂,自當以後出者爲準。

目　錄

第六冊　明代的江南藏書——五府藏書家的藏書活動與藏書生活

作者簡介

陳冠至，西元一九六九年生，台北市人。一九九六年，獲私立輔仁大學圖書資訊學系文學士學位。一九九九年，續獲私立中國文化大學史學研究所文學碩士學位。

二〇〇六年，再獲本所文學博士學位。主修明代史，學術專長爲明史、中國藏書史、歷史文獻學、古籍整理學、地域文人集團與私人藏書文化等主題。曾任經國管理暨健康學院共同科兼任講師，現致力於古代生活文化史研究。

　　陳君碩士、博士階段，十年間專攻明代文人藏書生活文化，對於史料的掌握與應用，頗有心得。除探討傳統圖書文物與中國史部目錄學外，並創新研究取向，結合社會史學，另闢明代文風鼎盛，藏書活動、藏書生活極爲多姿多采的江南六府地區（蘇州府、松江府、常州府、杭州府、嘉興府、湖州府）爲研究議題。其中涉及文人活動、生活方式、文會結社、藏書專題、圖書流通與文化傳播、圖書鑑賞等等，研究領域至爲寬廣。著作有《明代的蘇州藏書—藏書家的藏書活動與藏書生活》，探索明代蘇州文人藏書生活的型態與文化；而《明代的江南藏書—五府藏書家的藏書活動與藏書生活》一書，乃前書之展延，將地域範圍擴充至明代長江下游太湖流域的松江、常州、杭州、嘉興、湖州等五府地區，繼續探究本區的私人藏書事業與文化風尙。此外，尚有〈明代的巡茶御史〉（刊載於《明史研究專刊》，第 14 期，2003年 8 月）、〈明代江南五府地區藏書家的書畫收藏風尙〉（刊載於《故宮學術季刊》，第 23 卷第 4 期，2006 年夏季號）等學術性論文若干篇。

提　要

　　中國是世界上的文明古國之一，富含著極其燦爛的古代文明。中國古代典籍之多，也居於世界之首。私人藏書活動正是人類文化經過長期的演進以後，才產生出的一種具有高度文明的文化事業，並且融入社會上的知識階級以及部份工商階層的生活當中，成爲一種文化現象。在探究中國文化史時，私家藏書的歷史，自然也是其中一門非常重要的課題。

　　明代的江南五府地區，包括南直隸的松江府、常州府，以及浙江的杭州府、嘉興府、湖州府等圍繞太湖沿岸的地域範圍。江南五府在明代，由於經濟條件較佳、商業貿易的高度發達，以及學術與文化的勃興等各種因素的交相影響之下，藏書事業呈現空前的熱絡與發展，並進而在文人生活領域當中，成爲一種主要的生活文化。此外，藏書家因爲志同道合，透過各種社會關係進而織成的集團網絡，更加突顯出明代江南五府藏書事業的時代流行面貌。凡此種種，在中國古代的文化史研究之上，都是一些相當有趣而值得從事研究的命題。

　　由於對明代私家藏書文化的高度興趣，經過多年的思考與資料的收集，透過一邊整理與一邊閱讀的方式，對於明代江南地區的藏書文化以及文人生活型態有了更爲深入的認識，並且興趣又更加的濃厚。遂以《明代的江南藏書：五府藏書家的藏

書活動與藏書生活》為題，進行時代性與區域性的文人藏書文化研究。

目　錄

第七、八、九冊　陳振孫之史學及其《直齋書錄解題》史錄考證

作者簡介

　　何廣棪，字碩堂，號弘齋，香港新亞研究所文學博士。歷任香港大專院校教職，現任臺灣華梵大學東方人文思想研究所教授。早歲研究李清照、楊樹達、陳寅恪、

敦煌瓜沙史料，頗有著述。近年鑽研陳振孫及《直齋書錄解題》，出版之專書及發表之論文，甚受海峽兩岸士林關注與延譽。

提　要

民國八十二年八月，余蒙國科會以客座研究副教授名義延聘來臺，任教華梵人文科技學院（後更名華梵大學）東方人文思想研究所。翌年，余初以《直齋書錄解題（經錄之部）辨證》為題，向國科會申請補助專題研究計畫，獲得通過。其後該計畫因得饒選堂師多方啓示，乃反復考量，最後將研究範圍擴充為對直齋經學作全面之探討，且對《解題》經錄作整體之考證。經一年辛勤耕耘，計畫終得以按期完成。所呈交國科會之研究成果，即為一近六十萬言之著作，遂改其名為《陳振孫之經學及其〈直齋書錄解題〉經錄考證》。此一研究成果，後經國科會審查通過，同意授權里仁書局印製成書，出版發行。該書之出版工作已於八十六年三月完竣。

余早立志研究陳振孫之學術，及對《解題》作全面考證，故向國科會申請補助之初，亦同時附上一全程研究計畫。全程計畫初步估計，研究直齋學術及《解題》全書考證，約需五年時光。竊以《解題》有經、史、子、集四錄，著錄書籍近三千種，如暫不計算研究振孫學術所需之日月，即單以每年考證《解題》一錄算，至少亦須費時四載。而第五年則擬用作訂正、潤色全書，及依需要編製各類相關之索引與參考書目。是以民國八十四年七月，當已完成《陳振孫之經學及其〈直齋書錄解題〉經錄考證》後，余即以《陳振孫之史學及其〈直齋書錄解題〉史錄考證》為題，續向國科會申請補助，後亦倖蒙通過。

本年度依計畫所完成之書凡六章，首章為〈緒論〉，次章為〈陳振孫之史學主張〉，第三章為〈陳振孫之史學〉，第四章為〈陳振孫之史學目錄學〉，第五章為〈《直齋書錄解題》史錄考證〉，涉及之書達八百四十一種。第六章為〈結論〉。編末附〈參考文獻〉。

目　錄

上　冊

一、正史類

四、起居注類

中　冊

七、雜史類

八、典故類

十、禮注類

下　冊

十三、法令類

第十冊　劉寶楠《論語正義》研究

作者簡介

楊菁，臺灣省臺中縣人，畢業於東吳大學中國文學研究所博士班，曾任教東吳大學、萬能科技大學，現爲國立彰化師範大學國文學系助教授。著作有專書：《劉寶楠論語正義研究》、《李光地與清初理學》；單篇論文：〈劉寶楠《論語正義》的注疏方法及其特色〉、〈論《朱子全書》與《性理精義》之編纂特色〉、〈張伯行對程朱理學的傳布及其影響〉、〈朱澤澐的朱子學〉、〈乾嘉學者治《論語》之成果〉等；譯作有《論語思想史》（合譯）；點校有《翼教叢編》等。

提　要

《論語正義》爲清代劉寶楠所著，其子劉恭冕續成，是父子二代歷時三十八年完成的鉅作。此書蒐集漢魏舊疏及唐宋以來的注疏要義，並博採有清一代考據學的成就，可謂清中葉以前《論語》注疏的總結。此書除了總結歷代注疏的成果，其義理疏解，亦反映了清代中期以前的思想大勢。全書博綜群說，考證精祥，是清代治《論語》的集大成之作。

本書乃就《論語正義》一書進行研究，研究內容包括《論語正義》成書的學術背景、《論語正義》的作者及成書經過、《論語正義》的注疏體例、思想內涵及價值與缺失等，是國內第一部對《論語正義》進行研究的專書。

目　錄

第十一、十二、十三冊　宋代尚書學案

作者簡介

　　蔡根祥字本善，號社松，廣東中山人。民國四十五年生於澳門。高中畢業後來台升學，以第一志願就讀國立台灣師範大學國文系。修業完成，獲分發台北市蘭雅

國中任教。考上師大國文研究所碩士班，以論文〈《後漢書》《尚書》考辨〉完成碩士學位。經陳新雄老師推薦，應聘赴韓國釜山東亞大學校中語中文系。返台攻讀台灣師大國文研究所博士學位。以〈宋代《尚書》學案〉論文畢業。先後任教於崇佑企業專科學校、台北工專，再轉任高雄師大國文系，復改任經學研究所副教授迄今。曾受聘爲國立編譯館國中國文教科書編審委員，對中學國文教材有所鑽研。除《尚書》之外，對群經、諸子、文字學、聲韻學、訓詁學、語言學、方言（粤語）、書法等皆有涉獵鑽研，現在所任教之課目亦與前述專長相同。曾發表相關論文數十篇。

提　要

有宋一代，學術鼎盛；黃震云：「經解惟書最多。」蓋尚書者，既爲歷代君臣施政之洪範，亦爲義理之家發揮心性之理據也。然尚書之文，詰屈聱牙，又歷經七劫，千頭萬緒，見之者視爲畏途；故至今日，尚書之學術體系，未臻完備；自縱而言之，宋代尚書學，尚付闕如；自橫而言之，宋代經學猶缺尚書專門之研究；自人而言之，宋儒各家之尚書學，亦鮮有探微窮賾者。是以斯篇之作，一以足成歷代尚書學體系之重要環節，二以增補宋代經學研究之未備，三以彰顯宋儒各家尚書學之眞貌；故擬定其題目曰「宋代尚書學案」。「宋代」者，其時代之斷限也；「尚書」者，其研究之主題也；「學案」者，謂以人爲主，論其尚書學之淵源，治尚書之方法及態度，由尚書學以見其義理思想、政治主張，以及尚書學之新見異議、疑經改經，乃至補經辨僞之意見，並明其學說之影響及評價。

本論文都八十萬言，共爲學案二十二，人物四十八。全文共分四編：一、緒論編，說明本論文之研究目標及體例，並分析宋代學術之環境及流變風氣，以見尚書學之定位。二、北宋尚書學案編，敘述北宋諸儒之尚書學。三、南宋尚書學案編，敘述南宋諸儒之尚書學。四、結論編，一以作漢宋尚書學之比較，以見宋代尚書學之特色，二以總述本論文之收穫也。每一家學案之中，必有四項：一、案主之生平事略，以知人論世；二、述其尚書之著述與著錄，以見其學說之流傳；三、明其尚書學之內容，以見其學說之淵源、方法、見解、疑改、辨僞、義理等之主張；四、論其尚書學之影響及評價。

本論論文既成，總其成果，除預期目標達成之外，其尚可論者，亦有五焉：一、明漢宋尚書學之異同；二、考辨得僞書；三、辨正前人著述之本意，使其作意明白；四、辨明宋元學案及遺錯置人物，學術流派不明之誤；五、考明數家尚書學之眞貌，以正前人之失。

目 錄

上 冊

第十四冊　《詩序》闡微

作者簡介

　　張成秋教授，男，六十五歲。原籍中國、遼北省西豐縣，一九四一年生，一九六四年畢業於國立臺灣師範大學國文系，一九七六年獲國家文學博士學位（文大中文所推薦），同時取得國立新竹教育大學的教授資格。他是易經學會、孔孟學會會友，老莊學會會員兼理事。執教中國文哲凡四十年，二〇〇六年教授屆齡退休。著有《詩序闡微》、《關於詩經與詩序的幾個問題》，《先秦道家思想研究》，《莊子篇目考》等書，另有《易經》方面論文十餘篇。

提　要

　　《詩經》之前，有一個《序》，是謂《詩序》。今日所見之《詩序》，含全本《詩經》前面的一篇，解說《詩經》的第一篇《關雎》的用意及由來，更有絕大部分文字，說到詩與《詩經》的理論以及整本《詩經》的介紹，這是《大序》。另有《小序》，是在《詩經》每一篇前面的序；第一、二句往往說這首詩的要旨，以下或又有一些補充的說明，這是《小序》。

　　以前的經學家，非常看重《詩序》。甚至看重的程度，會超過《詩經》的原文。但是後來的學者，從文學的角度看《詩經》，卻不能接受《詩序》的說法，認爲《詩序》許多地方是無根據的胡扯。於是《信序派》和《疑序派》在歷史上展開了漫長的討論或爭辯，發生了許多複雜而有意義的相關話題。

　　本書，把有關《詩序》的問題，條分縷析，作有系統的研究。認爲，如果我們眞地要把《詩經》當一部經書看的話，那就不能忽略《詩序》的價值。《詩序》其實是以儒家思想的角度來詮釋《詩經》的。所謂經書，自然是指儒家思想的教科書。那麼以儒家思想的角度來詮釋《詩經》，自然也就是順理成章的事。

　　當然，若就詩的本來意思說，《詩序》實不足信。

　　本書第十章歸結出《詩序》的思想，大家可與孔孟思想互相驗看。

　　作者另有《關於詩經與詩序的幾個問題》，有興趣參研者，請洽：300 新竹市食品路 510 號

目　錄

孫星衍《尚書今古文注疏》研究

作者簡介

吳國宏，臺灣大學中文系學士、中正大學中文所碩士、香港珠海大學中文所博士。現職：大仁科技大學副教授。

提　要

本文計分五章。首章略述孫星衍之生平行誼，「求眞」、「崇古」的治學態度，及其整理古文獻之卓越學術成就。統稱爲「孫星衍學記」，以求符合知人論事之旨趣。

第二章首論乾嘉考據學風興盛之原因，及其所建立的治經理論，並由吳、皖之異，論及漢、宋之爭的緣起，以期能闡明乾嘉學風的眞象，及《孫疏》成書的學術背景。其次則重檢僞古文《尚書》辨正史，並引乾嘉諸家語，以證僞古文定讞於乾嘉時期。末殿以江、王、段、孫四家《尚書》新疏之介紹，以彰顯其時代意義。

第三章首先對《孫疏》之著作動機、方法逐一敘述，從中可見孫星衍是以去僞存眞的方法、藏諸名山的志向爲此新疏。其次所辨《孫疏》之書名、卷數、版本，則略寓辨彰學術、考鏡源流之意。

第四章首論漢代《尚書》的今古文問題，並指出欲由師法、家法觀點釐清漢代今古文說差異的盲點。其次則詮釋《孫疏》的中心架構—「五家三科」說的眞正函意，從而知其今古文觀並不十分正確。

第五章是本文對《孫疏》內在體式的具體研究，即對其書輯注、疏釋的通盤考察。本章首論其於漢代《書》說，蒐羅略備，態度亦稱嚴謹。次論其許多「論學之言」，並不符於注疏家應有的態度。末節則徵以《孫疏》實際的疏釋，發現其擅用考據學的理論和方法，對《尚書》經文及漢儒《書》傳作覈實的詮釋。

本文末附結論，嘗試比較《孫疏》的著作動機與其疏釋成就的契合度，並給與適當的評價。兼論爲學不宜有門戶之見。

目　錄

第十五冊　魏晉時期別傳研究

作者簡介

　　李興寧，國立高雄師範大學國文研究所文學博士（2003），目前於國立成功大學歷史研究所進修，研究領域爲史傳及傳記文學。曾任中學國文教師、國文系助教，現任輔英科技大學人文教育中心助理教授。

提　要

　　「別傳」隸屬《隋書・經籍志》史部的雜傳之下，此一史傳體例的大量出現，

正值東漢末至魏晉時期二百年間，適與東漢末年政治的解構與魏晉時期的重組，儒學的衰微與儒釋道融合，以及魏晉時期史學的繁榮與史部地位的提升，九品中正制度與人物品鑒等方面息息相關。相對於中國歷朝歷代的列傳，別傳的體例、形式及其所表現出的時代意識，的確另具風格及特色，惜長久以往，一直未受到重視，且別傳全本今已不復得見，多數散見於史書注解之中，或載於類書之下，作者亦多不可考，故本論文希冀透過輯佚史書注解及類書所載之人物別傳，從別傳產生的時代背景，別傳的義涵、興起與種類，別傳的敘事特徵與文學藝術，別傳的價值與影響四大方面加以歸納整理並分析論述。別傳之所以稱為「別」，代表兩種義涵，一是「別乎正史而名之」，因為別傳不是官修的，其產生與發展不能不受到紀傳體史書的影響，但與之相較彼此又有區別；二是作「區別」或「分別」之意，用以表示每一位傳主的獨特性，以及傳主與傳主之間彼此的不同。別傳的敘事風格多元詳贍且細膩詼諧，從傳主的容貌儀態、言行個性與生活軼事方面展現人物個性。在價值與影響方面，一是補充了正史史料及制度方面的不足，二是建立了新的史學體例，三是對於傳記文學方面的影響，如文體的認識、尚簡的審美標準、傳主的形象塑造以及傳文的論贊等。

　　關鍵詞：別傳、雜傳、魏晉時期、史傳、傳記文學

目　錄

第十六冊　兩《唐書》書法暨筆法比較研究——兼論《新唐書》闢佛刪史

作者簡介

郝至祥，祖籍江蘇淮安，民國 63 年 1 月 2 日生於臺中縣清水鎮。現任臺中縣私立華盛頓高中專任教師。畢業於私立東海大學附屬小學、台中市市立西苑國中（現改制爲高中）、私立立人高中、私立逢甲大學中文系、私立逢甲大學中文研究所碩士班。主要研究領域兩唐史、經學。

提　要

撰寫的原因是唐朝文治武功昌盛，正史有後晉劉昫的《舊唐書》及宋·歐陽修、宋祁編修《新唐書》。爲何《新唐書》無法完全取代《舊唐書》，而成爲兩書並存於正史的現象？所以本書透過書法、筆法的比較，最後從歐陽脩闢佛思想檢驗其對修史的影響。

書法問題：

「書法」是指史書書寫體例，目的以一致寫作方式彰顯歷史的命義與價值。如〈本紀〉依《春秋》書四時，記日食、災異，乃至征伐、祭祀。歐陽脩以《春秋》微言大義治史，故《新唐書》〈本紀〉書法便有特定的意義與指涉。本文透過改元、日食、朔日、書「殺」、籍里的書法進行比較，指陳兩書書法的差異。

筆法問題：

「筆法」是文學技巧，包含文法學、修辭學及文章學等範疇。劉知幾謂「夫史之者，以敘事爲先。」故正史修撰須重視敘事的方法，而敘事的方法即爲文學技巧的發揮。本文從兩書引用筆記小說的狀況，分析宋祁事增的價值。從兩書敘事與文字特色，討論宋祁文省的意義。

闢佛刪史問題：

兩《唐書》對佛教的記載比例懸殊。原因是《舊唐書》記載而《新唐書》刪除者甚多，歐陽脩乃史學大家，一代大師，何以發生此一刪史現象，與闢佛的思想有關。修史的態度影響史書呈現的面貌，使《舊唐書》不能輕言捨棄的原因。

目　錄

第十七冊　清儒與元史

作者簡介

　　吳宗儒，臺灣台北人，民國五十七年生，輔仁大學歷史系畢業，政大歷史研究所碩士，現任國家公務員。自幼即嗜史，治學則以思想史、史學理論、史學史、政治史、外交史最相契合，著有論文〈清代學風與清儒的元史學〉。

提　要

　　中國的「清學時代」，自明末清初迄於民國初年。這三百年來，展現了兩大學術典範（Paradigm），一是「興樸學」，為傳統中國學術作總整理的功夫；一是「啓西學」，為中國學術開新生命的氣象。換句話說，清學不只扮演了傳統中國與現代中國的橋樑，也擔負起中國文化走向世界文化的推手。清學依時代風尚分成四個時期，即清初學風、乾嘉學風、道咸學風及同光學風，各時期皆有其特色，而皆能紹往開來，推陳出新，導引中國學術洪流不斷向新時代前進。

　　欲知清學，以清儒一門重要學術入門是絕佳研究途徑。清儒的元史學，因滿清入關而起，因乾嘉樸風而興，因道咸經世而盛，因同光西風而大，聲氣所播，為清代學術界之一大運動。究其所學，反映出五大歷史意義：異族政權的啓示、清代學風的寫照、西北危機的呼聲、中體西用的先河以及清儒傑出的史學。彷彿清儒經學，實不朽之盛業焉。

　　本書名「清儒與元史」，意欲由清代一門傑出史學，觀清儒治學志趣及一代學風發展，是屬於學術史（intellectual history）的範疇。文分七章：「第一章：序曲」、「第二章：蒙元史學與元史的問世」、「第三章：清初學風與元史學的初放異彩」、「第四章：乾嘉學風與元史學的啓蒙運動」、「第五章：道咸學風與元史學成熟時代的來臨」、「第六章：同光學風與元史學的極盛時代」、「第七章：尾聲」。

當我覽讀他們的故事及其成就時，彷彿我也置身於清代世界。在提筆寫下他們時，我猶如又看到一群梁山好漢出現在我的眼前。最後，完成本文時，我歡喜無限，好似寫成了一部清史儒林傳。

目　錄

第十八冊　《詩經》存古史考辨──《詩經》與《史記》所載史事之比較

作者簡介

潘秀玲，國立政治大學中文所碩士，中華技術學院共同科講師。

提　要

　　《詩經》為我國最古之詩歌總集，其內容包括周代約六百年間的民間歌謠、士大夫作品以及祭神之頌辭，生動且全面地反映了當時現實生活的種種情形與古代歷史文化脈動的軌跡，既有經學與文學的價值，又蘊藏著豐富的政治、社會、經濟、宗教等各方面的資料，是一部提供後人探索古代史實與社會情況的珍貴史料。

　　司馬遷撰《史記》，亦認為《詩經》具備豐富的史料價值，並且多所取材。然因二者體裁不同，寫作方式與目的亦異，因此在保存古史資料原貌與經過史識整理兩

層系統的表現上，便各有短長。若能取之相互對照，比較二者所載史事之異同，並補以其他有關資料，定可窺見古史較信實可靠之面貌。

本論文即根據上述觀點，探求二書所敘古史之內容，考辨其異同。全文分八章完成：

第一章緒論，旨在說明本論文之研究動機、方法，並確定研究資料之範圍與時代。

第二章至第四章《詩經》與《史記》皆載之史事（上、中、下），羅列考辨二者皆述及之史事，分《詩經》略而《史記》詳者、《詩經》本文可佐證《史記》者、《詩經》可與《史記》相對照者三部分敘之。

第五章《史記》所載引述《詩經》之史事，將《史記》中引述《詩經》篇名、本文，或所謂詩人作刺之史事，分節敘述。

第六章《詩經》所載可補正《史記》缺失之史事，以《詩經》所載，補充矯正《史記》缺略或失誤之各項史事。

第七章《詩經》所反映之周代社會概況，分政治組織、教育設施、軍事戰備、農業情況、禮樂制度、民情習俗六節敘述之，旨在說明《詩經》尚有豐富的社會史資料，以補充前三章具體史實的考辨。

第八章結論，根據前所論述，比較《詩經》與《史記》所載史事異同之處，並勾勒周代社會之概況。

目　錄

第十九冊　焦竑《莊子翼》研究

作者簡介

施錫美，一九六○年生於鹿港鎮山寮村。明道補校初高中、靜宜夜中文、中興大學夜中文學士，逢甲大學中國文學研究所碩士、清華大學中文所進修史記專題研究、道家專題研究、中國美學專題比較研究、魏晉文學專題研究。曾任小學兼任教

師、明道高中兼任教師、明新技術學院（現明新科技大學）兼任講師。現任教於後龍私立仁德醫護專科學校共同科專任講師。主要研究領域為道家哲學、史記、中國美學、中國文學等。編著有：《焦竑莊子翼研究》、《大學國文選》（合編），文京，九三年九月出版、《專科國文選》（合編），文京。

提　要

《莊》注之歷史，自東漢以至明‧萬曆年間，凡一千六百餘年，其間注家不下百餘家。諸家解《莊》，隨時空之遞遭，文化之融合，而賦予《莊子》之時代性。其中或敷衍清談、或蘊義儒理、或挾以禪門之說、或以道濟道，甚或融通儒、釋、道三家之思想，然多為一家之言，鮮有集註。而集註之有，實權輿宋‧褚伯秀《南海真經義海纂微》，是書集郭象以下十三家之解，斷以己見，名曰：「管見」。其編纂之原則，「但采獲所安，不以人廢」。至明‧孫應鰲據《義海纂微》刪削增補，又益以張居正《評莊》、張四維《補註》、朱得之《通義》及蘇子瞻《廣成解》四家而成《莊義要刪》。其後明‧焦竑踵褚氏之步，續孫氏之弦，有所增刪又益以《新傳》、《循本》、劉辰翁、唐荊川（附徐士彰）、《南華副墨》等六家；並旁引他說互相發明者，自支遁以下凡十五家，且附其舊所劄記間及《莊子》者，名曰《筆乘》；又章句音義，自郭象以下凡十一家，綜采其合於《莊子》者，編纂而成《莊子翼》。

是書要旨立於心性，融通儒、道、佛三教之思想，博采魏、晉、宋、明諸代注《莊》之資料，足資治《莊》者參考，對後代《莊學》深具影響力。本論文旨以焦竑《莊子翼》為軸，歷代《莊》注為輻，兼及時代思想之因素，加以縱橫歸納分析，藉以探討焦竑之生平學術、《莊子翼》援引資料、詮釋方法與思想之傾向，併釐析《四庫提要》譏評該書「沒前人所出」之然否？

論文凡分七章：約拾壹萬餘字。首章就研究動機與旨趣、及研究方法與範圍簡述之。次章追敘焦竑之生平、著作及學術淵源，以期對焦竑之思想型態作一概略之呈現。三章探討焦竑對《莊子》篇章立名之看法及《莊子翼》〈筆乘〉立義之特點。四章考探焦竑《莊子翼》之體例及採集各家《莊》注之類別，以明其所據之原本及編纂義例之得失。五章就《莊子翼》及〈筆乘〉所援引論述之內容分析，以明《莊子翼》融通儒、釋、道三家義理之意涵。六章則就《莊子翼》對後代之影響、流布之情況，以及《提要》對其之評價，探討《莊子翼》於歷代《莊》注之地位與價值，並評述《提要》對《莊子翼》之意見然否。七章結論，綜述《莊子》內七篇思想與歷代《莊》注之風貌、焦竑《莊子翼》之體例得失與影響，及其融通三教之觀點作結。故本論文之撰述，不僅呈現焦竑為人治學之精神、三教合一之時代觀，更還原

《莊子翼》之本來面目，期盼對參考者有所裨益矣。

目　錄

第二十冊　錢穆先生《莊子纂箋》及其莊子學研究

作者簡介

　　鄭柏彰，一九七六年九月誕生於台灣 嘉義市。從呱呱墜地到而立之年，一直似鮭魚般地迴游於嘉義、台北兩地，文化大學中文系畢業後，即考入中正大學中文所碩士班就讀。就讀其間，便被先秦子學所吸引，特別是莊子的荒唐之言、謬悠之說，更讓筆者醉心於「正言若反」的世界。碩班畢業，仍於中正大學中文所博士班進修，目前為該校博士候選人，並擔任南華大學通識中心兼任講師。求學階段，主要著有碩論《錢穆先生《莊子纂箋》及其莊子學研究》（2003）及發表研討會論文〈試詮《莊子・內篇》中的應世思想〉（2002）、〈試解莊子所形構之孔子樣貌〉（2004），作為自己研究先秦道家思想的階段心得。其次，筆者對儒、釋思想方面亦有管窺，曾發表單篇論文〈試詮孟子思想體系〉（2005）、〈大珠慧海禪學思維系譜初探〉（2006），研

討會論文〈古代婚禮試探〉（2002）、〈試詮《壇經》的思想脈絡〉（2002）。最後，有關詩歌、小說方面，也曾涉獵，譯有《白話淞濱瑣話》（2002），發表過單篇論文〈馬謖敗於街亭試論〉（2004），研討會論文〈試析杜甫〈詠懷古跡〉五首〉（2002）。未來研究方向，將嘗試聚焦在儒學價值受到顛覆的晚清之際，尋繹當時的知識份子是如何重構莊子思想，讓自魏晉以降後就蟄伏已久的「正言若反」學說，又可重獲「驚蟄」機會。

提　要

　　本論文的章節安排架構，首章為緒論，交代研究動機與目的、研究方法與範圍及論文章節與架構。

　　第二章的部分，開頭先略敘錢穆先生的生平事蹟及其史觀研究略述，讓吾人在探究其莊子學之前，能對錢先生的生平與學術有一概括的認識，也能探知錢先生在研究莊子學方面的用心，係著重於史學的「整體性」，從時代背景探求莊子思想的淵源，以建立一先秦互動的學術網絡，並於「變中求動」，以敢於創新，而能不落入刻板的科就當中。

　　第三章則先對錢穆先生《莊子纂箋》一書的篇目注解及其內容大要予以研析探討，以得出錢先生在討論莊子學的前提，是採取王夫之對《莊子》篇目的分類，認為內篇體例完整，可作為莊子思想代表，外雜篇的章法不一，係因出於莊子後學衍其學說之作，並不能將之視為是解讀莊子思想的主要文獻。故此，筆者才會討論錢穆先生對《莊子》篇目的分判，以為第四章錢先生詮解《莊子》一書所建構的整體系統，作一奠基工作，讓吾人能明辨他所主張的「莊先老後」這一論點，係指代表莊子思想的內篇部分而言，而非是指莊子的整部文獻。另外，筆者為了拈出《莊子纂箋》的與眾不同、別具匠心，也特別析論了書中的著述特點，得出其特點主要分成兩部分，一是在字句釋義方面，它的特點有（1）文句疑誤，加以釐定（2）難辨字詞，兼採異說（3）徵引注解，己意定之。一是在義理闡微部分，所具特點有（1）引老解說，互闡義理（2）以意注裝，觸發深論。此外，在商榷部分，筆者則簡擇了幾個意義闡釋的實例，加以辨析說明，以提供讀者在解讀上有更寬廣的思考空間。

　　第四章的內容，主要針對錢穆先生對莊子學術論述的來龍去脈，作一全面性的詮解，以看出錢先生在論述莊子學術方面，是有其整體架構存在。本章第一節，先論述錢先生研究莊子學術的方法，是採取義理與考據並行，以建構莊老系統，故而可知他的疑古並非是為了譁眾取寵、標新立異的疑古，其疑古主要是為了考古，以重建一可靠的歷史。錢先生在研究莊學當中，其實必須與老子來相互參照，方能相

得益彰、互爲輝映。是以文中在論述時，筆者亦將錢先生所認爲的老子究竟是指何人？以及老子書的成書年代爲何會在戰國晚期？……等問題加以論述，讓本節能夠全面性的探討錢先生對莊學系統研究的整個全貌。第二節，將對錢先生所詮構的莊子思想之濫觴作一溯源的探討，亦即錢先生從思想遞嬗與時代背景考據，認爲《莊子》內七篇的思想，係源於孔門的顏淵，此間思想的轉變，係由孔子所論「義命對揚」的天、人二分思維，轉向於莊子所言「與天爲徒」、「與人爲徒」的天、人合一思考，而非銜接老子側重於人事的權謀，因此他才大膽提出「莊源顏淵」的假設。第三節，則闡釋錢先生論莊子雖承襲了儒家，但兩者對「道」的視域則是迥異的，儒墨所稱的「道」，是將天人分爲二，並以人爲重，故而有孔子說：「未知生，焉知死」的慨嘆；而莊子則整合天人，視天人爲一體，甚而更從宇宙界來衡度人生界，在此點上面，莊子則是與儒家不同，這也就是爲何莊子會由儒家特別展衍出道家的原因。第四節，論述錢先生之所以提出了「莊先老後」的主張，即因事物的概念，必先有總名，而後有別名。舉例而言，先有莊子提出「萬物一體」的渾沌概念之總名，才有老子所展衍出的「名」、「象」等個別概念之別名；先有莊子討論「眞人」、「神人」的圓融性格之總名，才有老子論述「聖人」的特殊性格之別名。可見，莊子思想應在於前，而老子學說則繼其後，所以錢先生才會將老子看成是莊子的繼承者。第五節，探討錢先生對外、雜篇爲道家後學所作這一說法，舉出了具體證據加以證實，以看出外雜篇之所以會產生莊老思想相融的現象，係莊子後學的傑作，其中外篇近老、雜篇述莊，均是雜揉之作，義理不純，只能當作研究莊子思想的參考文獻，不能當成論述莊子思想的主要資料。

論文最後，除了總結錢先生對莊學所建構的整體脈絡外，也對其學說在當時的毀譽作一述評，以看出箇中的侷限與特色。其實，錢先生所提出的莊學研究成果，在當時是頗受學者的質疑、批判，而他不畏矢石交攻的批評，仍秉著破除窠臼以建立一信史的熱誠，持續不斷地藉由個別字義的考據，來驗證自己所假設的說法是正確的，此種實事求是又勇於創新的精神，時至今日還相當難能可貴。然而，由於郭店楚簡的問世，錢先生「莊先老後」的這一論點，已有相當大的可議空間，但是可以肯定的是，錢先生已爲莊、老的銜接釐出了一個系譜，這個系譜就是以儒家的孔子作爲先秦諸子的開端，亦即諸子對先秦社會問題的檢討，是先有儒家正面的積極思想，然後才有墨、道兩家因反對儒家的禮樂而興起的反面思想。這種論點在當時是極具意義性的，因那時有些學者認爲諸子的起源是老子，如胡適先生就是如此主張，而錢先生確立了儒家的孔子爲諸子的開端後，無異對當時主張「老先孔後」的說法，有著廓清的作用，進一步的從史學的淵源性爲儒家樹立一信史地位，而這一

信史地位的樹立，即是奠基於「莊源於儒」、「莊先老後」的論點上。所以，如果將他這部分的研究，置之於諸子學的脈絡裡來評估，其中的價值仍舊是瑕不掩瑜、無傷大雅的。

目　錄

第二一冊　劉熙載《藝概》研究

作者簡介

　　周淑媚，1965 年出生於台灣省台中縣。1987 年畢業於東吳大學中文系，1990年畢業於台灣師範大學國文研究所，獲文學碩士學位。現爲中國醫藥大學通識教育中心講師、東海大學中文系博士班候選人。

提　要

　　《藝概》全書共分〈文概〉、〈詩概〉、〈賦概〉、〈詞曲概〉、〈書概〉、〈經義概〉六部分。作者劉熙載以高度概括的語言，精闢獨到的見解，抓住文藝的梗概，對中國古代的文學藝術進行全面廣泛的評論；由於高度概括之故，僅得其大意的內容，更足以引起後人的聯想。

　　本論文共分七章來探討劉熙載《藝概》內容。

　　第一章，緒論。說明《藝概》研究的意義、動機與資料，並簡述《藝概》的命名結構與內容特色。

　　第二章，作者研究。尋繹建構劉熙載的生平、著作、思想及其所處的時代環境，以爲進入其文藝領域的先導。

　　第三章，本質論。從「天人合一」、「情理（志）統一」、「質文諧應」三個角度來探索藝術的本質特徵。

　　第四章，創作論。在主體精神層面，強調要「有箇自家在內」，再配合識力志氣，以達觀物類情、觀我通德的「物我無間」之境。在客體結構層面，重法卻不迷信法，認爲「法高於意則用法，意高於法即用意」。

　　第五章，鑑賞論。從「詩品出於人品」的美學觀點出發，肯定唯有良善的品質才能創出眞美之作；「極鍊如不鍊之自然之色」，強調淳樸的天籟須自人工求；「似花還似非花的意境論」，突出審美意象的多重性。

　　第六章，發展論。肯定「變」的必然性與合理性，同時要求藝術創作要眾體皆備，不主一格。

　　第七章，結論。總結前代文學理論，並論述對王國維《人間詞話》的影響。

目　錄

明清文話敍錄

提　要

　　明清爲吾國文學批評鼎盛之際，鴻才碩儒，風起雲湧，競相立說，流派紛陳，極縱橫跌宕之觀。是時也，文體詳備，批評之品類亦隨之而起。故詩有詩話、詞有詞話、曲有曲話、文亦有文話。而文話之盛尤爲明清文學批評之特色也。

　　余以爲明清文話可寶者既多，唯較乏人問津，若能尋其脈絡，必有所獲。於是進而搜集資料，自《書目類編》、《叢書子目類編》、《四庫全書總目提要》、《續修四庫全書總目提要》諸書之「詩文評類」或總集類，蒐取諸家論文之目。復求諸王寶先之《台灣各圖書館現存叢書子目索引》、《台灣公藏善本書目書名索引》、《台灣公藏普通本線裝書目書名索引》，以知各書庋藏狀況也。其間無分寒暑，不避阻難，窮力之所能及，或影印或鈔錄，前後費時經年，聚材略有可觀焉。

　　本文輯得專著凡五十二種，分選文、評點、論文、四六各類。選文之屬又依作者、文體、作法三目分列。

　　至於行文舖敍，每論一書，大抵先詳作者，以知人論世。次述板本及諸書庋藏情況。又次述其內容，其中有關此書之內容要旨、體製缺失、見解優劣、及後人評述，皆以提要鉤玄之法，作扼要之介紹，以期讀者能知其歸趣，有所取捨也。

　　斯編之作，以明清文話專著爲限，單篇或附於文中者，雖然零金碎玉，片言足寶，惟恐文字支離，一概不取。而明清文話浩繁，備舉不易，故是編所重在論文之屬。

目　錄

第二二冊　賀裳《載酒園詩話》研究

作者簡介

　　王熙銓，成功大學中文系，政治大學中文研究所碩士班畢業。本論文為碩士論文，目前服務於台北市立中山女子高級中學。

　　研究興趣在於文學史及文學批評，對於唐代以後至清代之詩文，較為專注。旁及於政治、社會、文化及軍事之與文學的影響互動，抱持高度興趣。近年來鑑於國

家及世界局勢之走向、兩岸關係之弛張，對近現代軍事思想及軍事學領域，多所涉獵，以期能在文學之外，建立基本的兵學素養。

此外，對於西洋文學，也留心已久。除在於英語語言的閱讀之外，對英美文學之小說、散文及詩歌，探討其與中國文化相通互補之處。在東西方文化基層的差異、文學流派的學說詮解、文人學士心靈與關懷的面向及未來文學發展的趨勢等焦點上，嘗試釐清，以求脈絡源流，會通連貫。

除寫作研究論文外，亦喜好雜文抒感，記錄思慮，表達觀點，兼作為閱讀心得與教學引導之用。

提　要

清代詩話之作，就質而言，能對往古之理論深入研究，剖析詳明；於古人之詩作，亦能反覆吟詠，深思體察，加以實際之品評。就量而言，遠邁前代，甚至超過清代以前所有論詩之作的總和。這種質精而量多的特性，使詩話於清代文學理論，提供了廣闊的研究空間。

清代詩話的重要著作，前人研究已多，其價值也已受到充分的了解與肯定。然而一些極有價值的詩話，因少見而未受注意者，也所在多有，賀裳《載酒園詩話》，即屬此類。本論文即就《載酒園詩話》作一全面之探討。

本論文以郭紹虞主編之《清詩話續編》中《載酒園詩話》為底本，加以探討。所使用之方法，不主一端，大致以歸納法、類比法為主，演繹法、分析法為輔，綜合使用，以見其內容，並盡量發掘顯明其微旨。

全文共分六章：

第一章：賀裳之傳略與《載酒園詩話》之體例。凡三節，敘述作者傳略，詩論之淵源，及《載酒園詩話》之體例。

第二章：《載酒園詩話》論詩之本質。凡四節，敘述《詩話》中的四項本質：「詩當抒情寫意」、「詩不論理」、「詩貴含蓄」、「詩須有氣格」，四項詩歌創作的原則。

第三章：《載酒園詩話》論詩之創作。凡九節，敘述詩歌創作的方法與技巧，並論及各種題材詩歌的寫作原則。

第四章：《載酒園詩話》論讀詩的問題。凡五節，敘述《詩話》中對於讀詩所可能產生之問題的討論。

第五章：《載酒園詩話》之實際批評。凡三節，敘述唐詩、宋詩之流變，並唐人詩作與宋人詩作之批評。

第六章：結論。總述整部《詩話》之特色，並對作者評詩之得失，作一檢討。

目　錄

《烏臺詩案》研究

作者簡介

　　江惜美，台北市人。私立東吳大學中文研究所畢業，獲文學博士。曾任教臺北市金華國小、國語實小、中正高中，後轉任台北市立師院語文系擔任教授，現任私立銘傳大學應用中文系暨中文研究所專任教授。

　　民國八十二年，當選台北市立師院學術類傑出校友。所著《蘇軾文學批評研究》、《蘇軾詩析論——分期及其代表作》、《國語文教學論集》獲國科會甲種獎助。《編序教學在國小中年級作文上之應用》獲國科會專業獎助、《高互動作文教學》獲教育部專案獎助。曾多次應僑務委員會邀請，赴美國、加拿大、澳州、紐西蘭、中南美洲、印尼、菲律賓與馬來西亞、泰國、韓國等地，擔任「華語巡迴」講座，並獲僑務委員會頒發志工「教學優良獎」。

　　在教育界三十年，對輔導學生盡心盡力，曾擔任過市立師院輔導組主任。著有《鼓勵孩子一百招》、《小學語文教學論叢》、《國語文教學論集》、《智慧生活一百招》、《烏臺詩案研究》、《蘇軾詩學理論及其實踐》、《蘇軾文學批評研究》、《蘇軾詩析論——分期及其代表作》、《蘇軾詩詞專題論集》、《絃誦集——古典文學分論》等書，並有《高互動作文教學》光碟。

　　近年來，致力於詩家評論蘇軾詩之主題，撰有多篇學術論文，發表於各大學。在華語文教學方面，亦多所論著。蘇軾詩詞方面，亦開設有「專家詞」、「詞曲欣賞與創作」課程，並指導研究生撰寫研究論文，大抵以文學理論、語文教學為主。

提　要

　　本文共分五章二十節，凡十六萬言。第一章東坡生平事略，以宋史本傳為主，參以欒城集墓誌銘及前賢論述，分六節敘述，並著重於烏臺詩禍時，東坡之個性及行事探究。第二章詳述其政治背景，首論北宋之內憂外患，次論王安石變法，乃有新舊派黨爭，以整理東坡與安石政治主張之異同為準。第三章論述烏臺詩案之源起，歸納出東坡獲罪之主因有三，即忠規讜論，指陳時弊；襟懷磊落，個性通脫；以及以才致禍，見忤政敵。第四章就烏臺詩案論列之詩篇，予以探析，時值東坡熙寧還朝，歷知杭、密、徐三州，因分四節，針對詩篇背景、思想、形式探討之。第五章烏臺詩案之影響，乃東坡人生觀由激進轉入恬淡，詩文內容由時事轉為田園，詩文形式則各體兼備，技巧高超，漸趨圓融華妙，仕宦升沈乃有元祐黨爭，因言此期詩文足為早期詩文及黃州詩詞之分界。

目　錄

第二三冊　唐五代韻書引《說文》考

作者簡介

　　翁敏修，民國六十三年生，台灣台北人。東吳大學中國文學系畢業，現爲東吳大學中國文學研究所博士生。著有〈出土文獻的檢索與利用〉、〈古文字的檢索與利用〉、〈張元濟在日本〉、〈明代俗字略說〉、《經學研究論著目錄（1993-1997）》（合編）。

提　要

　　本文以唐五代寫本、刻本韻書所引《說文》爲研究對象，研究方法爲文獻比較法，主要分兩階段：「找」與「辨」。

　　「找」意指原始資料與相關資料之蒐集：本文原始資料以周祖謨《唐五代韻書集成》與上田正《切韻殘卷諸本補正》爲主要來源，整理目前可見《切韻》系韻書類目，並輔以微捲照片、摹本、考釋……等，輯出其中注釋稱引《說文》之處，以爲分析之用。相關資料則廣泛蒐集前人於《說文》版本研究之相關著作以及《切韻》、敦煌學、文獻學等資料，以資考訂。

　　「辨」意指對資料進一步分析與歸納：先以長編方式，對韻書引《說文》進行考釋，逐條與大徐本比勘。再使用歸納法，說明韻書引《說文》之作用，進而詳細闡述其引用《說文》之體例、價值與闕失，最後作成結論。

　　本文各章寫作要點分爲三部分：第一部分「說文解字與切韻」，說明《說文》流傳經過，並對《切韻》源流與本書引用韻書殘葉作簡單論述。第二部分「唐五代韻書引說文考」，依《說文》十四篇次第，逐條考證唐五代韻書所引《說文》，並利用前人引《說文》之研究成果，加以分析比較，定其是非。第三部分「唐五代韻書引說文綜論」，利用「唐五代韻書引說文考」研究所得，進一步討論唐五代韻書引《說文》之作用、體例與得失。

目　錄

第二四、二五冊　《康熙字典》及其引用《說文》與歸部之探究

作者簡介

　　李淑萍，臺灣省臺南縣人。國立中央大學文學博士。現任國立中央大學中文系助理教授。

　　作者近年之研究重心，以文字學、訓詁學，及《康熙字典》為主，著有專書《康熙字典研究論叢》等。除了《康熙字典》相關研究外，尚有〈隸書的起源及其分期特色〉、〈析論《龍龕手鑑》對近代通用字典部首的影響〉、〈析論轉注字之形成及其先後次第〉、〈論「形似」在漢字發展史上的意義與作用〉、〈淺談王筠「古今字」觀念〉等單篇論文。

提　要

　　《康熙字典》是我國辭書編纂史上對後世字書、辭典影響深遠的一部工具書。近代通行之字辭典，多半以此書為編纂底本，惟近人論及此書多訾議其非，貶損其價值。為釐清諸說，對《康熙字典》提出公允之評價，本文擬以《康熙字典》與《說文》二者之關係為範圍，從部首演變與引用資料兩大方面進行探討，並深究此書對後世的影響。此即本文之研究動機及目的。

　　本文第二章以「《康熙字典》及其體例概述及版本流傳」為題，分述其成書之時代背景，論及編纂體例」、後續校改之緣由與版本流傳，進而彰顯其價值與影響，使

《康熙字典》全書之基本面貌得以清晰呈現。第三章以「《康熙字典》處理《說文》資料之形式」爲題，係針對《康熙字典》引用《說文》以析形釋義之各種情形來立說。文中藉引用例證分析其采引《說文》之原則，也由書中術語運用不一，名目雜出，說明非成於一人一手之字書，在統整工作上的重要性。

本文第四、五章主在探討《康熙字典》與《說文》之間的關係。前者將《說文》正文十四卷五百四十部首，分成四節，逐部逐字檢核，以明其實。後者則以「《康熙字典》刪併《說文》部首之探究」爲題，重於學理上的討論。在探究歸部合理性時，筆者將《康熙字典》歸部疑義者，逐字探析，論證過程皆引據典籍及前人之說，悉爲釐清，冀求歸部之至當，以供學界參考。

末章爲本文之結論。筆者從「編纂之目的與動機」、「全書體例」、「引用資料」、「部首列字」、「對後世字書、辭典學的影響」等方面進行考察而提出結論。

以客觀態度言之，《康熙字典》實優劣並存、良莠互見。其引用書證舛脫誤，民初學者已多有批評，然此書之長處亦不容忽視。檢覈全書，其形、音、義的注釋極爲詳備，收采弘富，旁羅博證，規模遠勝於歷代字書、韻書。《康熙字典》所制訂之體例，周詳完備，近世字辭典，亦每多遵循，足見其對後世之影響。是故，探討《康熙字典》采引《說文》之概況與得失，進而論及該書在我國學術史上的地位，以及對後世字、辭典編纂的影響，此皆本文探究的重點課題所在。

目　錄

上　冊

下　冊

第二六冊　慧皎《高僧傳》及其分科之研究

作者簡介

　　徐燕玲，台灣省台中市人。一九六七年生。台灣大學中國文學系、華梵大學東方人文思想研究所畢。投身中等教育工作多年，現任國立台灣戲曲專科學校專任國文教師。

　　著有《慧皎高僧傳及其分科之研究》

　　〈原始佛教業論的教育意義〉(《香港佛教》2001 年七月）

　　〈北涼至五代教煌莫高窟供養人及其服飾試析〉(《中國文化月刊》253 期）

　　〈冥祥記及其僧人形象〉(《中國文化月刊》277 期）

提　要

　　本文對於《高僧傳》的研究，乃以十科僧人形象為主軸，分從歷史脈絡與文學表現進行觀察，以期釐清慧皎所呈現的高僧形貌及運用的文學手法。首先，透過時代背景與作者生平經歷的了解，可以掌握《高僧傳》內容偏向的梗概；再者，利用文學比較的方式，以魏晉南北朝志人志怪小說、《出三藏記集》僧傳部分、《神仙傳》

為對照，即能彰顯《高僧傳》的文學筆法與十科分類的特色。

慧皎將高僧分為十科的作法，抹煞了部分僧人多重成就貢獻，並忽略了普遍性存在的事項，呈現出僧團精質化的假象。本文研究得知：此書有為敘述之便而省改歷史發展順序之處，亦有因史料不足而添加個人想像、誇飾與推論，另外因個人情志而強調或迴避的歷史情節也屢屢可見。

就《高僧傳》全書編排而言，採集傳方式、依僧人成就高低排科、利用互見法、傳文項目安排仿同傳統史傳、統一於科後設論贊、擴增附傳容量等。就內容取材方面，採用志怪小說、運用時人品評、營造僧人高逸風采、忽視傳主心理變化與環境影響、割捨能展現性格的日常言行。另方面也因其注重學術研究而大量編撰義解與譯經科僧人的傳記、對於冥界的興趣不高而少見精采逼真的描述、因重視而使教化與遵行戒律成為貫串全書的主題。

就藝術形象方面，慧皎利用加強描寫某些行為與稟賦形貌來呈現出十種僧人不同之樣貌，對於有損高僧形象的行為則多所迴護。書中僧人展現出獨特的品質：刻苦修行、多與權貴交、成佛過程艱難、聰穎秀逸、精通外學、重學術研究、神通變化較少、形貌威儀端正、不注重肉體與現世等，皆與《神仙傳》有所差異。另對不知來歷之異僧形象的塑造，也表現出時人心中對僧人的需求。而旁及君王或居士者，都較志怪小說來得嚴謹肅穆。至於一般平民的粗鄙與平庸，則較少涉及。就文字技巧方面，慧皎博採眾典，較之《祐錄》，其文辭簡潔幹練、精確傳神、理路清晰有序、文意明白等，顯現其寫作功力。此書能廣受青睞，確有其可觀之處。

目 錄

凡 例

第二七冊　新編校本劉邵及其《人物志》研究

作者簡介

　　1.學歷：國立高雄師範大學國文研究所博士

　　2.經歷：國立高雄海洋科技大學副教授

　　　　　　國立高雄師範大學兼任副教授

提　要

　　本文旨在探討劉邵的生平及其著作《人物志》。生平的探討之內容包括：劉邵的名字考、仕宦考及生平考。《人物志》的探討之內容包括：《人物志》的版本源流考、劉邵撰寫《人物志》的緣由、《人物志》的人材思想及歷代學人對《人物志》的評價。

　　全文計分七章：

　　第一章「緒論」，旨在說明本文的研究動機、研究價值、研究成果檢討、研究方法及局限與謝忱。

　　第二章「劉邵生平考」，第一節「名字考」，由小學及古人取字的原則採名字義相符應兩個方法切入，論證劉邵的令名當作「從召從卩」的「卲」。第二節「仕宦考」，分別從劉邵初入仕途、官位漸升、政治高峰及淡出政治四個方面，論述劉邵在文學、政治、法律、禮學、軍事及人材理論等各面向的成就。第三節「生卒考」，論證劉邵約生於東漢靈帝中平三年（186），卒於魏齊王芳正始六年（245）。

第三章「《人物志》版本源流考」，旨在論證臺灣地區目前存在的十八種《人物志》版本，探校勘的方法，逐一比對各版本間文字的異同、版本款識的特色，以探討各版本的承啟關係。

第四章「劉邵撰寫《人物志》的緣由」，旨在從經學地位的沉淪、漢末政治的敗壞、控名責實的激盪及豐沛學養的流露等五個方向，說明劉邵爲何要撰寫《人物志》。

第五章「《人物志》的人材思想」，旨在從《人物志》論人物的形上根據、論知人的途徑、論用人的原則、論知人失誤的原因及論偏材之性不可移轉等五個方向，全面論述《人物志》的人材思想之體系。

第六章「《人物志》的評價」，分別就理論架構及人材思想兩點評議《人物志》的歷史地位。

第七章「結論」，歸納本文的研究成果依序加以總結。

文中附有圖表、文末附有劉邵年譜簡編、劉昞傳、參考資料。

目　錄

第二八冊　洪亮吉《意言》研究

作者簡介

　　吳德玲：民國五十九年（西元 1970 年）生。

　　學歷：國立中興大學中文系畢業，國立中興大學中文所畢業，現爲東吳大學中文系博士生。

　　服務機關：現爲長庚技術學院通識中心專任講師。

　　碩士論文：洪亮吉《意言》研究，曾榮獲民國八十六年國科會乙等著作獎助。

　　曾發表的論文：〈洪亮吉的無神論思想〉、〈從師說、進學解看韓愈的教育思想〉、〈柳宗元永州八記的寫作特色〉、〈洪亮吉人口論研究〉、〈阮元教育經世之研究〉。

　　通過的研究計畫：阮元及經世之學研究、洪亮吉人口論研究、國文多樣性教學研究、序列比對在中文古籍活字印刷字體辨識之應用、〈伍子胥變文〉的故事轉變及人物特色。

提　要

　　一、研究動機及方法：

　　洪亮吉是清代乾嘉年間著名的思想家，近代的學者們，對於洪亮吉的研究，大都以全面評價爲主，對於洪亮吉重要思想的介紹，仍然未曾深入分析有所遺憾。因此，本文逐以洪亮吉的思想代表作《意言》爲經緯，去開展研究的工作。且本文以

自然觀、無神論、社會觀、人口論、人生觀五大論題爲主軸，去歸納分析洪亮吉的思想觀點。

二、研究內容及結果：

第一章爲緒論：說明本論文研究動機及研究方法。

第二章爲洪亮吉的思想背景：本章以社會狀況、洪亮吉的人生經歷和個人特色三方面來加以探討。

第三章至第七章，則是分別論述《意言》中崇尚實際的自然觀、事實辯證的無神論、觀察敏銳的社會觀、憂患意識的人口論、以及遠見卓識的人生觀。

第八章爲結論：說明洪亮吉《意言》中的思想核心，爲「實」的結論。

目　錄

第二九、三十冊　《上海博物館藏戰國楚竹書（二）》校釋

作者簡介

　　蘇建洲，台南市人，一九七四年生，國立臺灣師範大學國文研究所碩士、博士，目前爲國立彰化師範大學國文系所專任助理教授、國立中興大學中文系兼任助理教授。撰有《戰國燕系文字研究》（碩士論文）、《上海博物館藏戰國楚竹書（二）讀本》（合撰，台北：萬卷樓圖書公司）、《上海博物館藏戰國楚竹書（二）校釋》（博士論文）及相關論文二十餘篇。

提　要

　　本書以 2002 年 12 月出版的《上海博物館藏戰國楚竹書（二）》爲研究的對象，針對其中的內容──〈容成氏〉、〈民之父母〉、〈魯邦大旱〉、〈從政〉、〈昔者君老〉等楚國竹書從事「校釋」的工作。所謂「校釋」表示既有字句篇章的校勘，又有文字考釋或詞句注釋。首先，楚簡文字的考釋成果關係著後續其他領域是否能順利開展，這是本書特別著重的地方。其次，地下出土先秦竹書，無可避免需要校勘的工作，也就是所謂「文本復原」的問題。唐顏師古在《漢書注・敘例》中曾談及他的校勘工作，「《漢書》舊文，多有古字，解說之後，屢經遷易。後人習讀，以意刊改，傳寫既多，彌更淺俗。今則『曲覈古本，歸其眞正，一往難識者，皆從而釋之』。」誠爲經驗之談。另外，時永樂先生說：「由於校書工作本身就是一種勘正文字的工作，……所以，兩漢時期善於校書的學者，像劉向、揚雄、鄭玄等都是小學名家；唐代的陸德明、顏師古，也都長於小學。他們校訂古書，能夠取得輝煌成績，絕非偶然。清代學者研究訓詁、文字、音韻之學，較之以前，可謂登峰造極，也進而推動了校書工作的進一步深入發展。」可見「文字考釋」與「古書校勘」是完全相關的。本文寫作過程中，對於諸家學說盡量搜羅，希望避免遺珠之憾。在學者論述的基礎上，筆者在每一「校釋」條目下再提出自己的看法，或駁議，或補證。具體寫作過程所依循的幾個角度大致如下：（一）字形比對（二）聲韻假借（三）訓詁詞意（四）語法分析（五）歷史背景探究（六）辭例推勘等等。本書所涉及到學術領域有古文字學、上古史、先秦學術史、經學史等範疇，具有一定程度的參考價值。

目 錄

上 冊

下 冊

毛晉汲古閣刻書考

周彥文　著

作者簡介

周彥文，1955 年生於台中，東海大學中文系學士、碩士，東吳大學中研所博士。現任教於淡江大學中文系及語獻所，講授課程以目錄學、文獻學、中國文學史為主，著有《中國目錄學理論》。近年則致力於文獻學理論之研究。

本書為周彥文撰於民國 69 年之碩士畢業論文。

【說明】

此書撰寫於民國 68 至 69 年間，為保存全書原貌，故當時的用語皆不改動，如國家圖書館仍以「中圖」稱之等。兩岸互通後，當年不得見之汲古閣本現今多可得見，然本書亦未予增補。

提　要

　　歷來私人刻書，以明末清初之毛晉汲古閣所刻範圍最廣，數量亦最多。現可知者，即有六百五十餘種，近六千卷。其於古籍之傳佈及保存，有不可磨滅之功；尤以所刻多有歷代罕傳之書，因其刊刻廣傳，而使幾絕之書籍得以不滅，故於學林影響甚鉅。

　　本文分上、下兩篇述之。上篇為總論，共分四章，首章冠緒言，以明撰述之本意。第二章為「毛晉生平述略」，先明其人。第三章為「毛晉之刻書事業」，分刻書之背景、動機、所用之稱謂、數量及流傳五節，依次述其刻書之梗概；另以汲古閣除刻本外，別有影鈔本名於世，故別立影鈔本一節，附於本章之末。第四章為「汲古閣刻本之評價」，分前人評語、汲古閣刻本之實際情形、汲古閣在刻書史上應有之地位三節論之，內詳為分析汲古閣刻本之刊雕源流及功過得失，以論定其於刻書史上之地位，實為本文之重心所在。下篇則為刻書考，依《四庫全書》之次第，分別考訂汲古閣諸刻之刊雕過程及在台典藏現況等，以為上篇評價之依據，亦為讀汲古閣所刻諸書之參考。另有毛晉代他人刊雕，或知為汲古閣刻本而今不可得者，或為毛晉自撰者，則總為附錄一章，附於下篇之末。

目

錄

上篇：總　論

第一章　緒　言

　　毛晉汲古閣係明末清初一鉅大之出版家，經毛晉四十年之刊雕，共成書六百五十餘種，幾六千卷，以數量之多而言，實居歷來私家出版事業之冠。其所刊刻者，上至漢唐，下至明清，經史子集，無所不包，於古籍之傳播保存，實有不可輕視之功，至今影印汲古閣刻本以行者，仍比比可見，故汲古閣之刻書，於歷代文獻之承傳，居有不可等閒視之之地位。惟清末以來，考訂版本之學雖興，然於此一重要之刻書家，竟無有以專題研究者。或僅以其一、二書刻之未審校刊，便大肆詬病；或薄今佞古，於汲古閣刻本不屑一顧。人云亦云，終漸泯毛晉傳佈古籍之功！余鑒於此，遂不揣愚昧，以顧、陶二氏所輯之《汲古閣刻書目錄》為依據，遍訪中央圖書館、故宮博物院、中央研究院歷史語言研究所、省立臺北圖書館、國防研究院、臺灣大學、師範大學及東海大學之藏書，共得汲古閣刻本五百七十餘種、五千餘卷，試依《四庫全書》之次第，分別論述其刻之版本源流及功過得失，釐為總論及刻書考兩篇，以求彰顯汲古閣書刻之真目於一、二！

第二章　毛晉生平述略

　　毛晉原名鳳苞，字子九（或一作子久）；後改名晉，字子晉，別號潛在。弱冠前字東美，晚號隱湖，別署汲古閣主人、篤素居士。明萬曆二十七年（公元一五九九年）正月初五日生於江蘇常熟縣昆湖東之七星橋。祖父聖，字心湖，以力田起家；父清，字虛吾，一字叔漣。母戈氏。虛吾公諳曉經義，內行修謹，以孝弟力田稱為鄉老，而戈氏以勤儉佐之。

　　子晉生而篤謹，年十五受業於府學博士員高伯瑋，並至蘇州應童子試，為諸生。年十九受業於舅氏魏沖之門；次年虛吾公又遣之受業錢謙益之門，謙益待之以游夏，相與揚搉古今，三十餘年未嘗有間。年二十六補博士弟子員，然屢躓於場屋，未嘗出仕。

　　子晉性嗜卷軸，喜購書，尤重宋元舊本，嘗榜於門曰：「有以宋槧本至者，門內主人計葉酬錢，每葉出二佰；有以舊抄本至者，每葉出四十；有以時下善本至者，別家出一千，主入出一千二百。」於是潮州書舶雲集於七星橋毛氏之門矣。邑中為之諺曰：「三百六十行生意，不如鬻書於毛氏」。前後積至八萬四千冊，構汲古閣、目耕樓以庋之。順治間吳偉業為子晉撰汲古閣歌，即有「嘉隆以後藏書家，天下毗陵與琅邪；整齊舊聞收放失，後來好事知誰及；比聞充棟虞山翁，里中又得小毛公；搜求遺逸懸金購，繕寫精能鏤板工」之句。其時江南藏書之富，自玉峰菉竹堂、婁東萬卷樓後，以海虞一處最盛。惟錢謙益絳雲樓不戒於火，而歸然為巨擘者，惟汲古閣與錢曾述古堂耳。登汲古閣者，如入龍宮鮫肆，既佈急，又踴躍焉。其制上下三楹，始子訖亥，分十二架，中藏四庫書及釋道兩藏，皆南北宋內府所遺。紙理繁滑，墨光騰刻。又有金元人本，多好事家所未有。子晉日坐閣下，手繙諸部，讎其譌謬，次第行世，至麗江土司木生白遣使致兼金琥珀薰陸諸品以購其書，捆載越海而去。自來書行之遠，乃為夷裔所慕，未有如此者。

　　方汲古閣之炳峙於七星橋也，南去十里爲唐市，楊彝鳳基樓在焉；東去二十里爲白茆市，某公紅豆莊在焉。是時海內勝流至常熟者，無不以三處爲歸，而接應賓客，如恐不及，以子晉爲最。又好行善，水道、橋樑多獨立成之。崇禎十五年大水，里人飢儉。歲除，家人方聚讙，子晉停杯惻然曰：「此夕不知幾人當病飢，我不忍獨歡笑也。」遂命載米遍給貧者。元旦，謝賑者盈門。雷司李起劍贈子晉詩曰：「行野田夫皆謝賑，入門僮僕盡鈔書」。蓋實錄也。〔註1〕

　　甲申之年，兵燹四起，道路刦剝，就子晉避兵者數十家。子晉皆使之爲抄錄、剞劂之工，蓋以工代賑也，親友多賴以濟。家又蓄童婢二千指，同釜而炊，均平如一。時誨諸子曰：「陶公有云：是亦人子也。汝曹慎無刻薄寡恩。」又嘗躬耕宅旁田二頃有奇，區別樹藝，農師以爲不逮。竹頭木屑，規劃處置，自有分寸。即米鹽瑣碎時，或有貽一詩、投一箚者，輒舉筆屬和，裁答如流。其治家也有法，旦望率諸子拜家廟，以次謁師長，月以爲常。故一家之中，能文章、嫻禮義，彬彬如也。

　　子晉交遊遍四海，與張薾山、顧麐士、蕭伯玉、丁長孺、徐元歎、周仲榮、釋讀徹等尤稱莫逆。撫王德操之孤，卹吳去塵、沈璧甫之亡，皆有終始；德操托孤時，曾有「公今之范巨卿也，願以相累」之語，子晉與人交不翕翕熱，於茲可見。

　　順治十六年（1659）三月，子晉往蔚林訪陳瑚，綢繆譴綣，似有不忍去者。六月病痢，陳瑚過訪，尚強起爲一持觴。七月二十七日乃卒，享歲六十有一。彌留之際，請錢謙益撰墓誌銘，後由馮班書丹，嚴栻篆蓋。清史列入文苑傳，府縣志均有傳。所著書有《和古今人詩》、《野外詩題跋》、《虞鄉雜記》、《海虞古今文苑》、《毛詩名物考》、《明詩紀事》等二十餘種，共數百卷。娶范氏、康氏；繼嚴氏。子五。曰襄、褒、衮、表、扆。襄、衮皆先卒；扆字斧季，陸貽典婿也，最知名，尤耽校讎，兼精小學，何義門輩皆推重之。

〔註1〕陳瑚爲毛隱君六十乞言小傳載雷起劍贈詩爲：「行野樵漁皆拜賜，入門僮僕盡鈔書」。《清史文苑傳》則作「行野漁樵皆謝賑，入門僮僕盡鈔書」。今從毛褒等撰「先府君行實」。

第三章　毛晉之刻書事業

第一節　刻書之背景

　　子晉畢生致力刻書，所刻多達六百餘種，其工程之鉅，耗資之大，數量之多及流傳之廣遠，實私家刻書史上之甚罕見者。此風雲際會之事，若單憑一己之力，而無其先天之時代背景及後天之優良條件，必萬難蹴成。今尋其大略，約可得以下三端：

（一）生當全國之版刻中心

　　雕刻印刷起於盛唐，興於五代；而唐宋五代之刻書，又以成都爲重鎮。蓋黃巢之亂後，成都頓成當代之經濟、政治及文化中心，其地本即盛產印書所需之麻紙，刻書之業遂興，故宋太祖開寶中雕大藏經，即遣人往四川付梓。北宋時，國子監諸刻均送杭州雕板，南宋更設國子監於杭州，於是蜀、浙、益以刻書之風漸興之閩，便成宋代刻書之三大中心。其後蜀經宋末兵燹而式微，元末雕版最盛之福建麻沙書坊毀於戰亂，弘治中福建建陽書肆又燬於火，故閩刻亦衰。明中葉以後，蘇州代之而起，書業多聚於此。萬曆以後，吳興、南京之書坊又蠭起，與蘇、杭並盛。於是全國刻書中心遂穩立於江左。子晉生逢其時，又居處於雕板業最盛之太湖流域，得其天時、地利，流風所及，遂助成其刻書事業。

（二）人力、物力及財力之充足

　　子晉居於江左刻書盛地，不虞缺乏剞劂之工，復以明末兵燹四起，就子晉避難者數十家，子晉皆以工代賑，使之襄助刻書，故人手不乏。陳瑚爲毛隱君六十乞言小傳內即有「家蓄奴婢二千指」之語，雷起劍贈子晉詩亦有「入門僮僕盡抄書」之

句，則子晉於人力，實頗充足。印書需大量用紙，江南本即多產紙，子晉又歲從江西特造之，厚者曰毛邊，薄者曰毛太，至今仍沿用其名。其雕版所需之木材，江南亦多產之。物資之方便，遂減少刻書之困難。益以當時刻工價廉（按《書林清話》卷七「明時刻書工價之廉」一條即已詳論），子晉又廣行其刻，以鬻書所得刻書。在此人力、物力、財力均充足之情況下，刻書自然有成。

（三）藏書富，交游廣而書籍流通量大

子晉大力購書，不惜以重金購求善本，以致汲古閣所藏多至八萬四千冊，刻書遂不乏底本；益以子晉交游遍四海，往來借贈書籍之事，動輒可見，試觀汲古閣諸刻中之子晉跋語，即多有言其自友人處借善本刊雕之事，故子晉刻書，實不乏可據之底末，底本既多，又因人力、物力、財力之充足，遂可大量之刊雕，此亦汲古閣刻書甚富之一因。

綜上所述，益以明清之際，江左爲文人薈粹之地，學術普及，以致子晉所刻諸書均有廣大市場；太湖流域之交通亦頗發達，子晉所刻，可立時傳遍四方，此皆爲促成汲古閣刻書事業歷四十年而不衰之因。

第二節　刻書之動機

陳瑚爲毛隱君六十乞言小傳云：「垂髫時節好鋟書，有屈陶二集之刻。客有言於盧吾者曰：公拮据半生，以成厥家，今有子不事生產，日召梓工弄刀筆，不急是務，家殖將落。母戈孺人解之曰：即不幸以鋟書廢家，猶賢於樗蒱六博也。迺出囊中金助成之。書成而雕鏤精工，字絕魯亥，四方之士，購者雲集。於是向之非且笑者，轉而歎羨之矣」。依陳瑚所言，子晉幼年時即已刻書，惟現屈陶二集合刻未見，未知其詳；然據《蘇米志林》末之子晉跋語，知子晉刻《蘇米志林》時爲天啓元年，時子晉二十三歲，則子晉刻書前後長達四十年以上。究其動機，可得兩點：

（一）商業行爲

子晉不事桑梓，經年刻書，蓋以商代農，販書爲業。由陳瑚爲毛隱君六十乞言小傳內「四方之士，購者雲集」之語觀之，則子晉初刻書時，即已大量出售。此外毛襃等撰〈先府君行實〉內載有滇南長官遺使持重金購書之事；胡震亨序《津逮秘書》更謂：「毛晉所鐫諸稗官小說家言，不啻數百十種，購者零雜難舉，欲統爲一函」。則子晉購書，實爲求售。今觀汲古諸刻中，一如坊本之校勘未精、殘闕不全等惡習者，比比皆是；亦有爲迎合社會大眾而刻如《六十種曲》者、爲射利而刻如《陸狀

元通鑑》者、亦有代他人而刻以營利如《漢魏六朝百三家集》者。則子晉實爲一出版商，而毛氏汲古閣實爲一空前鉅大之出版社。

（二）廣傳學術

子晉異於一般坊賈者，在於販書之餘，尚重學術之廣傳，此亦其可貴之處。楊紹和《楹書隅錄》載影宋精鈔本《五經文字》三卷，末有毛扆跋曰：「吾家當日有印書作，聚印匠二十人，刷印經籍。扆一日往觀之，先君適至，呼扆曰：吾縮衣節食，遑遑然以刊書爲急務，今板逾十萬，亦云多矣，竊恐秘冊之流傳尚十不及一也」。此子晉自言其爲廣傳秘冊而刻書。錢謙益〈隱湖毛君墓志銘〉於子晉爲廣傳學術而刻書之動機，更有詳盡之論，錢氏曰：「……壯從余游，益深知學問之指意，謂經術之學，原本漢唐，儒者遠祖新安，近考餘姚，不復知古人先河後海之義；代各有史，史各有事有文，雖東萊武進以鉅儒事鉤纂，要以歧枝割剡，使人不得見宇宙之大全。故於經史全書，勘讎流佈，務使學者窮其源流，審其津涉。其他訪佚典、搜秘文，皆用以裨輔其正學。於是縹囊緗帙，毛氏之書走天下，而失其標準者或鮮矣。經史既竣，則有事於佛藏。軍持在戶，貝多濫几，捐衣削食，終其身茫茫如也。蓋世之好學者有矣，其於內外二典世出世間之法，兼營并力，如飢渴之求飲食，殆未有如子晉者也。」今考子晉所撰〈重鐫十三經十七史緣起〉，其刻該二部書，前後費時達三十年，版屢燬而屢刻，以至鬻田三百畝而在所不惜，其致力於學術之傳播，實甚可佩。而汲古諸刻中，如《說文解字》、《琴川志》、《中吳紀聞》、《癸辛雜識》、《碧雲集》、《許昌集》、《南邨詩集》等，均使幾絕之舊籍，得以重見於世。雖云子晉刻書多校勘未精，然葉德輝氏猶以「毛氏刻書爲江南一代文獻所繫」譽之，即因其有廣傳學術之刻書動機。

綜上所論，子晉實一半文半商之人。因其文，故多求秘笈珍本，善擇刻書對象，而澤被士林數百年；因其商，而使秘本廣行於世，至今不絕。惟因未勤校勘而爲後之學者所譏，並多有貽誤士子者。汲古刻本所以至今毀譽參半，皆因此亦文亦商之刻書動機所致。

第三節　刻書所用之稱謂 —— 綠君亭與汲古閣

世人言及子晉之刻書，多與汲古閣並稱。雖子晉所刻書多署汲古閣，然綠君亭實亦子晉之書室名，惟以子晉以綠君亭爲名之書刻甚少，且皆早年時用之，故世人多未知之。今考子晉諸刻，實以綠君亭始。陳瑚言子晉於垂髫時所刊之屈陶二集合

刻，台灣未見藏本，然近人姜亮夫所撰《楚辭書目五種》內收之，題爲明萬曆四十六年戊午綠君亭刊本，並附有書影，云北京圖書館藏有殘本六卷。現今確知爲子晉所刻之最早刊本，乃天啓元年之《蘇米志林》，即署名綠君亭。至天啓四年子晉以汲古閣之名刻《劍南詩稿》後，綠君亭與汲古閣之名始並用。而以綠君亭之名所刻者，又有《神農本草經疏》、《三家宮詞》、《二家宮詞》、《洛陽伽藍記》、《葬經翼》（在津逮祕書內）、《陶靖節集》及《浣花集》數種。此類刻本，大抵皆天啓年間所刻。至崇禎二年，徐亮爲子晉序《群芳清玩》，有「俄逢月夕，汎秋水，問津湖南，小憩子晉汲古閣，侯東鏡之吐……少焉集綠君亭，絳帳清輝，墨池古色……」等語，則爲綠君亭見載之最晚者，是年子晉三十二歲。蓋子晉於崇禎以後，即專用汲古閣之名，而不復用綠君亭矣。

第四節　刻書之數量

　　子晉一生所刻之書，遍及經、史、子、集，而子晉尤重唐、宋以前之詞章，故所刻中以集部諸書爲最多，所選對象又以宋、元以前詩、詞集爲最夥，明人著作則甚罕見，蓋其時前代詩詞流行於世，子晉又性甚佞古。

　　現可得見之汲古閣刻本，經類計五部十七種，凡三百八十卷；史類計七部二十三種，凡一千八百零七卷；子類計六部一百六十一種，凡八百零八卷；集類計二十八部二百一十種，凡一千三百二十卷；代刻者則計七部一百六十三種，凡六百五十七卷。現可知而不可得者計五十七部八十五種，其中約三十種卷數未詳，可知之卷數凡八百零四卷。計子晉四十年來所刻，凡百一十部，六百五十九種，可知之卷數即有五千七百七十六卷。以一私家刻書者而言，竟有此六百五十餘種、近六千卷之刻，實可謂爲歷代罕見而難能可貴者。

第五節　刻書之流傳──兼論藏書

　　汲古閣所刻諸書，非但種類甚多，當時每種書印行之數量更夥。除〈先府君行實〉內載滇南長官遣使越海重金購書之事外，《書林清話》亦有「毛氏刻書，至今尚遍天下，亦可見當時刊布之多，印行之廣」及「光緒初年，京師、湖南舊書攤頭插架皆是」等語。《四庫》所收及各書志所載，亦不下數百種。今國內各大圖書館及中國大陸、美國、日本等地，皆藏有汲古閣刻本。亦多有與子晉同時之刻本今已不傳，而汲古閣本猶存者。由此可知汲古閣諸刻之流傳，非但遍及天下，且歷數百年而不

衰。惟毛氏子孫多未善存諸刻版，如汲古刻中最善之《四唐人集》，其版爲子晉孫劈燒煮茗；十三經十七史之版片賣與席氏掃葉山房，至康熙間即已散佚等。據鄭德茂所撰《汲古閣刻版存亡考》內所載，其版散於各地，且多亡毀，實堪浩嘆。

　　至汲古閣之藏書，於子晉謝世後亦散出，毛扆曾撰有《汲古閣珍藏秘本書目》，即欲售書與潘耒時所撰，故其中多註明爲何種本子，並悉有售價。此書目雖非汲古閣藏書之全目，然由其所載多達五百餘種，亦可知汲古閣藏書外流數量之多。毛扆後因與潘耒議價不果，而轉售於季滄葦，季滄葦所藏又陸續散入徐乾學傳是樓，張金吾愛日精廬、黃丕烈士禮居、瞿鏞鐵琴銅劍樓及楊以增海源閣等處，並有部份輾轉散入清宮。其中歷經變異，其書日減，今可得見者，已寥寥可數。

第六節　汲古閣之影鈔本

　　子晉於刻書之外，更有影鈔本行世，即世所著稱之毛鈔本。所謂影鈔，乃是將一半透明之紙蒙於原書上，依樣描繪，其精細者，與原書無異，且較刻書尤艱，故頗受世人所重。子晉刻書多有未據善本者，然其影鈔本則皆直據宋、元舊本；且製作極精。孫從添《藏書記要》即云：「汲古閣影宋精鈔，古今絕作，字畫紙張、烏絲、圖章，追摹宋刻，爲近世無有。」其所影抄之範圍，遍及經、史、子、集，而仍以集部爲重。現所得見之汲古閣影宋、元鈔本及見載於各書志者，幾近百部。其於保存宋、元舊刻之眞目，並使現已失傳之宋、元舊本得以不朽，而爲後世校勘之依據，實甚有功。

第四章 汲古閣刻本之評價

第一節 前人之評語

　　自有雕板以來，世人多重宋、元本，此非佞古，蓋宋、元刻本雖少而精。明屠隆《考槃餘事》卷一論書云：「書貴宋、元者何哉？以其雕鏤不苟，校閱不訛，書寫肥瘦有則，刷印清明。況多有奇書，未經後人重刻。」《士禮居藏書題跋記》卷五黃丕烈跋宋刊本《浣花集》亦云：「蓋書以古刻爲第一，一字一句之誤，猶可諦視板刻，審其誤之由來。故余佞宋，雖殘鱗片甲，亦在珍藏。」惟明以後，刻板數量遽增，所刻亦趨龐雜，是故雕鐫之事，亦日漸草率，非但刻未精美，校勘尤不講求。往往於古書改頭換面，節刪易名，添改脫誤，甚至以殘本充全本。故前人多不重明本，甚有「明人刻書而書亡」之說，實亦非過溢之論。

　　子晉因明人惡習，所刻雖夥，然多數校勘未精，惟以大量刊雕，於文獻之保存、傳佈頗有功勞，故汲古閣刻本歷來有毀有譽。如《書林清話》云：「毛氏刻書爲江南一代文獻所繫。」又云：「觀顧湘《汲古閣板本考》，秘笈琳琅，誠前代所未有矣。即其刻《說文解字》一書，使元、明兩朝未刻之本，一旦再出人間，其爲功於小學，尤非淺鮮。」顧廷龍等撰《明代版本圖錄初編》，亦云毛刻爲：「雕槧布寰宇，經史百家，秘笈琳琅，有功藝林，誠非淺尟。江左文獻所繫，有明十三朝無出其右者。」武進陶氏序其所撰《汲古閣刻書目錄》亦云：「毛氏雕工精審，無書不校，既校必跋，紙張潔鍊，裝式宏雅。如唐、宋詩詞及叢書、雜俎等刊，均可證明其良善。」此皆譽之者也。然毀之者亦不在少，如《郋園讀書志》卷二載葉德輝跋《孔氏家語》云：「明毛晉汲古閣藏書多善本，而刻書皆惡本，非獨十三經、十七史、《津逮秘書》諸大部書也，即尋常單行各種，往往後綴一跋，不曰據宋本重雕，即謂他本多訛字，

及遇毛氏所藏原本校之，竟有大謬不然者……其實毛亦妄庸者流，差強於不刻書之人耳。」卷五載其跋范氏天一閣刻劉向《新序》十卷《說苑》二十卷、卷八載其跋《姜白石歌曲》六卷別集一卷，亦有評子晉刻書不據家藏宋本翻刻、不據善本校勘等語。孫從添《藏書紀要》亦云：「毛氏汲古閣十三經、十七史，校對草率，錯誤甚多。」又云：「毛氏所刻甚多，好者僅數種。」《蕘圃藏書題識》載元大德本《後漢書》陳鱣跋曰：「蕘圃嘗曰：汲古閣刻書富矣，每見所藏底本極精，曾不校，反多充改，殊為恨事。」故《書林清話》云：「其刻書不據所藏宋、元舊本，校勘亦不甚精，數百年來，傳本雖多，不免貽佞宋者之口實……其刻書之功，非獨不能掩過，而且流傳繆種，貽誤後人……昔人謂明人刻書而書亡，吾於毛氏不能不為賢者之責備矣。」

據此，則前人之譽汲古閣刻本者，多以其有傳佈古籍之功，而詬詈者，則皆因其校勘未精。今觀諸書志所論汲古閣刻本，云其善者少，云其訛誤、闕失者多。則汲古閣刻本實多受前人之譏，未為士林所重，僅以其量多而於刻書史上佔一席之地耳！

第二節　汲古閣刻本之實際情形

誠如前人所云，汲古諸刻確有校勘未精、貽誤後人之過，然汲古刻本中，亦有善本，亦有經子晉多方購求而得之罕見秘笈，經子晉刊刻而廣傳於世者，亦有歷來皆無雕板，而子晉首刻之以行者。故僅以其校勘未精而抹殺其傳承廣播學術之貢獻，實非公允之事。

昔人多謂子晉刻書，未據善本，今考其刻，可確知為據宋刻而梓者有《史記》、《漢書》、《後漢書》、《三國志》、《晉書》、《隋書》、《宋書》、《南齊書》、《梁書》、《陳書》、《魏書》、《北齊書》、《唐書》、《五代史》、《說文解字》、《漢隸字源》、《五代史補》、《吳郡志》、《孔氏家語》、《爾雅註》、《芥隱筆記》、《後村題跋》、《魏公題跋》、《避暑錄話》、《劍南詩稿》、《松陵集》、《郭茂倩樂府詩集》、《甲乙集》、《才調集》、《花間集》、《皇甫持正集》、《竇氏聯珠集》、《李長吉歌詩》、《唐英歌詩》、《唐風集》、《禪月集》、《杼山集》、《六一詞》、《初寮詞》、《龍川詞》、《稼翁詞》等；可確知為據元刻而梓者有《重修琴川志》、《通鑑地理通釋》、《樂府古題要解》、《筠溪牧潛集》（按此刻有配合抄本）、《鐵崖古樂府》三種、《極玄集》、《金臺集》、《片玉詞》等；又可確知為據明刻而梓者有《十三經註疏》全部、《周易大義》、《詩傳孔氏傳》、《周易集解》、《京氏易傳》、《周易略例》、《關氏易傳》、《周易舉正》、《麻衣道者正易心法》、《程史》、《輟耕錄》、《甘澤謠》、《西溪叢話》、《焚椒錄》、

《劇談錄》、《唐詩紀事》、《李文公集》、《中興間氣集》、《河嶽英靈集》、《國秀集》、《范石湖田園雜興詩》、《月泉吟社》、《谷音》、《丹淵集》、《中州集》、《忠義集》、《滑耀編》、《翠寒集》、《嘌嚘集》、《倪雲林詩集》、《句曲外史集》、《詞林萬選》、《詩餘圖譜》、《草堂詩餘》、《尊前集》等。另可確知爲據鈔宋本而梓者有《孫可之集》；《唐國史補》及《揮麈錄》四集；可確知爲據鈔元本而梓者有《碧雲集》、《清江碧嶂集》、《河汾諸老詩集》等；可確知爲據明鈔本而梓者有《斷腸詞》、《漱玉詞》等，其餘則或未確、或未詳。

　　今考《汲古閣珍藏秘本書目》內所載子晉家藏本，其中有五十二種曾經子晉刊雕，除上已述及之《史記》、《唐國史補》、《芥隱筆記》、《碧雲集》、《麗則遺音》（按楊鐵崖《古樂府》三種之一）、《清江碧嶂集》及《花間集》爲確知其據家藏本刊刻外，餘如宋版《吳志》、舊抄本《紹興內府古器評》、舊抄本《卻掃編》、舊抄本《齊東野語》、舊抄本《邵氏聞見錄前、後錄》、宋本影鈔《臺閣集》、宋版《石屏詞》、舊抄本《元遺山詩集》等，皆僅疑其據之，而未能確定，蓋或因《汲古閣珍藏秘本書目》未詳載版本，或因子晉於其書刻末之跋語所言不明；又家藏有善本，而子晉未據以刊雕者有宋版影鈔李鼎祚《周易集解》、元版《周易兼義》、舊抄本《五代史補》、精抄本《大唐西域記》（按即《津逮秘書》中《佛國記》）、宋版《東京夢華錄》、舊抄本《乙卯避暑錄話》附補遺、精抄本《西溪叢話》、舊抄本《甘澤謠》、精抄本《樂府古題要解》、宋版《東坡志林》等，此或子晉得之於後、或別因《秘冊彙函》舊本、或另有更善之本，而未據之也。其餘諸書，則或因現不得刻本，或因歷來考版本者未論及，今亦不得見其藏本，故未詳其實情如何。

　　綜上述所論，則子晉刻書，雖以據明本最多，然仍不乏據宋、元善本而梓者。子晉尤於其所藏之善本，凡可據者悉據之。前人云子晉刻書多不據善本，實非全然公允之論。惟子晉喜彙刻叢書，往往一編之中，僅有一、二種善本，便遑遑然湊以坊本，合爲一編。故其彙刻諸集，全然善者甚少，多數好壞參半，僅存其蒐輯之功，而落後人以刊刻未精之口實。至單集之刻，子晉較少刊雕，其中除部份因得善本而付梓外，餘亦多未盡善，而其闕失則多在於校勘未審。現將子晉刻書之善、惡，分數點舉之，並附數例於下：

（一）可稱為善本者

　　此其刊刻精審，且所據甚善，爲後人稱道之本，如《郭茂倩樂府詩集》、《才調集》、《谷音》、《松陵集》、《篋中集》、《極玄集》、《唐三高僧詩集》、《甲乙集》、《四唐人集》、《皇甫持正集》、《李善註文選》、《漢隸字源》等。

（二）有校勘之功者

　　子晉間有諸刻，頗留心校勘，於傳本多所釐正。如《唐詩紀事》、《六一詞》、《才調集》等。

（三）有保存文獻之功者

　　此皆歷來罕傳，經子晉刊雕而得以存全廣傳者，如《說文解字》、《重修琴川志》、《吳郡志》、《五代史補》及《五代史闕文》、《松陵集》、《丹淵集》、《碧雲集》、《許昌集》、《臺閣集》、《詩童子問》、《群芳清玩》、《六十種曲》、《中吳紀聞》、《癸辛雜識》四集、《貴耳集》等。

（四）子晉首刻者

　　此皆歷來無雕板而子晉首刻之也，如《剪綃集》、《元宮詞》、《霞外詩》、《南邨詩集》等。

（五）有蒐輯之功者

　　此皆歷來散見、子晉彙為一編，而使舊笈得以有系統之傳世者，如：《元人八集》、《津逮秘書》、《八唐人集》、《陸放翁全集》、《六十名家詞》、及子晉所彙輯之諸詩、詞總集等。

（六）妄改舊本者

　　子晉刻書，或有依己意妄改，雖據善本，然刻後反與原書相去千里者，如《河嶽英靈集》、《搜玉小集》、《中州集》、《李文山集》、《長江集》、《孔氏家語》、《說文解字》、《廣川書跋》、《蘇米志林》、《陶靖節集》等。

（七）所刻闕漏甚多者

　　子晉刻書，亦有未據全本而梓者，或僅取原書之一部份，或所刊闕失過甚，如《元四大家集》、《丁卯集》、《碧雲集》、《劇談錄》、《伊川擊壤集》等。

（八）射利之本

　　子晉為一書賈，故所刻亦有純為射利者，如《陸狀元通鑑》、《六十種曲》等。

　　以上所論，除第一項善本外，餘無論其於藝林有存全之功否，大致皆有校勘未精之通病，即以十三經十七史為例，所耗時日及資金甚鉅，然仍多訛字。觀歷來各書志凡言及毛本者，大多言其校勘未審，此實子晉刻書之一大弊。蓋子晉刻書數量太多，致所刻皆不及精校，且現可得知專為子晉從事校勘工作者，僅有周榮起、王咸兩人，其校勘之人材實嫌不足，益以子晉所延刻工，內有就其家避難者，並非刻書之專業人材，故訛誤日多，以致汲古閣刻本屢遭後人詬病。

第三節　汲古閣在刻書史上應得之地位

　　昔人雖於汲古閣刻書有毀有譽，然實是毀之者多、譽之者少。蓋歷來考版本者，皆首重校勘，而子晉刻書，又實有校勘未精之通弊，故雖遍刻諸書、廣行天下，仍屢遭詬病。蓋刻書而不勤校勘，必使後代士子因之而誤解古書之義，小則貽害數百十人，大則動亂學術。故子晉刻書未審校勘，而致遭人非議，以為只差強於不刻書之人，良有以也。

　　惟刻書亦一名山事業，若僅以校勘之不精即否定其價值，實欠公允。故子晉刻書雖不能辭其草率之咎，然子晉於典籍之傳承，實有其宏遠之功。蓋江南本學術、人文薈萃之地，書賈雲集，子晉肯出較高之價購書，一時罕見罕傳之秘本，便悉入子晉門下。子晉於所得之本，凡歷來鮮傳於世或向無雕板者，均亟付梨棗，以致對於諸多舊本秘笈之保存，大有貢獻。益以子晉為書估，故凡經雕板之書，必大量廣傳，亦因之而使秘本充塞天下，不再有失傳之虞，雖或校勘不精，然終強於無雕板而散逸。

　　葉德輝《郋園讀書志》卷四·《萬姓統譜》一百四十卷條云：「汲古閣在明季國初刻書最富，自後子孫展轉將書版鬻賣，百無一存，觀顧湘《汲古閣校刻書目》所著錄者，今日偶有流傳，幾與宋、元舊刻頡頏左右。」

　　《吳郡志》五十卷條亦云：「余本吳人，每於故鄉文獻留心購藏，二十年前於毛刻諸書視為尋常，絕不寓目，今則汲古諸刻已不可得。」可見當時流傳之廣。

　　又子晉刻書之對象極廣，經史子集、天文地理無所不包，於其所得之書，又分門別類，編成各種叢書刊雕，如《津逮秘書》、《群芳清玩》、《宋六十名家詞》、《六十種曲》及各種宋元人詩詞集等。經子晉編梓後，各種書籍均有系統且整體化以行世，大大減少單行較易失傳之弊。故子晉除藉之以存全舊籍外，於系統化之整理故籍，亦有提倡之功。

　　是則汲古閣之刻書，好壞參半，功過亦參半。讀汲古閣刻本，必應先取其他善本精校，方不致受其刊刻多訛誤字之害；然亦應念及今有此書傳世，或乃汲古閣刊雕梓行之功。故汲古閣以一私人之書坊，名動天下數百年而不衰，若無傳承典籍之功績，實亦不足以致之。其於明末清初之時，繫江南一代文獻於不墜，且數量之多，傳播之遠，私人刻書者無人能及；益以汲古刻本每種皆紙墨精良，用宋體字細加雕鑴，至今仍足稱為藝術珍玩。故曰汲古閣刻本於明、清之際，為刻書家之代表，於中國刻書史上而言，又為私家刻書之代表，似應不為過。

下篇：刻書考

第一章　經　部

第一節　總　類

《十三經註疏》三百三十卷

明崇禎元年至崇禎十三年汲古閣彙刻。

板匡高十七、九公分，寬十二、六公分。半葉九行，行二十一字，註作中字，疏作小字雙行。左右雙欄，版心花口，無魚尾。上象鼻題書名，中書卷次及葉數，下象鼻署「汲古閣」。書內正文頂格而書，註、疏則低一格，且以墨圍標明。除《論語註疏》外皆無目次。每書每卷前有註、疏者題名，卷末有毛晉題刊梓年代。全刻之首則有崇禎己卯（十二年）錢謙益、崇禎庚辰（十三年）張國維及陳函輝三序。每書首則又附註、疏者題序。

五代後唐長興三年，馮道、李愚建議國子監校正九經，以西京石本抄寫，刻版頒天下，此爲群經有刻版之始。然此時所刻皆經註，未及於疏，直至宋太宗端拱年間，方有單刻義疏者，此即世所稱單疏本，而註與疏之卷數，多未相合。直至南宋初年，浙東茶塩司陸續刊成《周易註疏》十三卷、《尙書註疏》二十卷、《周禮註疏》五十卷、《毛詩註疏》（此書失傳已久，各家書志均未載，故卷數已不可考）、《禮記正義》七十卷、《春秋正義》（即《左傳》）三十六卷、《論語註疏解經》二十卷、《孟子註疏解經》十四卷等，註疏合刻之本方出現。此浙東茶塩司刻本頗爲罕傳，世不多見；因皆是每半葉八行，故亦稱之爲八行本。

至南宋晚年，閩中建陽坊肆數家聯合刻成十一經音釋註疏，即：《周易兼義》九卷附《音義》一卷《略例》一卷、《附釋音尙書註疏》二十卷、《附釋音毛詩註疏》

二十卷（合每卷所分之子卷共七十卷）、《附釋音周禮註疏》四十二卷、《附釋音禮記註疏》六十三卷、《附音釋春秋左傳註疏》六十卷、《監本附音釋春秋公羊傳註疏》二十八卷、《監本附音釋春秋穀梁傳註疏》二十卷、《孝經註疏》九卷、《論語註疏解經》二十卷、《孟子註疏解經》十四卷。此十一種因每種均每半葉十行，故稱為十行本；又因其版歷元、明、清三朝（按至清中葉方燬於火），故又俗稱為三朝本；又因其版明時存入南京國子監，故又稱為南監本。此十行本僅經書十一種，明南京國子監遂以嘉清五年陳鳳梧刻於山東、後版送南監之《儀禮註疏》十七卷十行本，益以元時所刻《爾雅》十一卷九行本，足成十三之數。此南監本十三經，即明、清以來十三經諸刻之祖。

首次據南監本刻十三經，且為私家彙刻十三經之始者，乃嘉靖間閩中御史李元陽。其卷數次第一依十行本，惟書名標題不著「附音釋」等字，世稱此刻為李元陽本或閩本，亦因其改為每半葉九行，故亦稱九行本。此刻因是鑑於十行本之訛誤甚多而重雕，故校勘頗精，可稱十行本後，清乾隆殿本前最佳之刻。萬曆年間，北京國子監又據李元陽本重雕十三經，版式行款卷數悉據之，惟孟子前附「題辭」，此即世所稱之北監本或監本。〔註1〕

毛晉此刻所據，即是北監本。北監之刻，已不及李元陽本，毛晉於北監本雖略有釐正之處，然沿北監之訛，甚至新生脫誤者更多。孫從添《藏書記要・鑑別篇》即云毛晉此刻校對草率，錯誤甚多；阮元《左傳》校勘記引用書目內毛本下註曰：「豕亥之訛，觸處皆是」云云。則毛晉此刻，實不可稱善本！然由明末至清乾隆以前，由於毛本廣行於世，且未有更佳之本出現，故毛本傾重一時。葉德輝《郎園讀書志》云：

> 汲古閣刻十三經，展轉傳刊，魯魚多誤，而毛刻十三經乃風行海內，由於南北兩監刻本版片日就散佚，乾隆武英殿刻版尚未告成，士人舍此無他本可求，故遂為天下重也！

此實毛本雖劣，仍見重幾百年之因。

毛刻十七史前有毛晉撰「重鐫十三經十七史緣起」一文，內述其於科場內得一夢，遂誓願於崇禎元年起每年刻經、史各一部（原文亦見錄於《書林清話》）。此刻即是據北監本年刻一部，共歷十三年而成。其異於北監本者，僅《周易兼義》一書，此書北監本附《略例》及《音義》各一卷，毛刻則將《略例》別行入《津逮秘書》中，而削去《音義》，止九卷，餘行款卷數悉同北監本。現將此刻備錄於下：

〔註1〕有關十三經版刻之流傳，可參見屈萬里先生《書傭論學集》內之〈《十三經註疏》板刻述略〉一文。

《周易兼義》九卷：魏王弼註、唐孔穎達正義，首有孔穎達《周易正義》序。崇禎辛未（四年）刊。

《尚書註疏》二十卷：漢孔安國傳、唐孔穎達疏，首有孔穎達《尚書正義》序，卷一前附有孔安國傳序。崇禎壬申（五年）刊。

《毛詩註疏》二十卷：若連每卷所分之子卷並計，則共七十卷。漢鄭玄箋，唐《孔穎達疏》，首有孔穎達《毛詩正義》序，卷內除註、疏外，更有毛亨之傳。崇禎庚午（三年）刊。

《周禮註疏》四十二卷：漢鄭玄註，唐賈公彥疏，首有賈公彥《周禮正義》序及〈序周禮廢興〉。崇禎戊辰（元年）刊。

《儀禮註疏》十七卷：漢鄭玄註，唐賈公彥疏，首有賈公彥《儀禮註疏》序。崇禎丙子（九年）刊。

《禮記註疏》六十三卷：漢鄭玄註，唐孔穎達疏，首有孔穎達《禮記正義》序。崇禎己卯（十二年）刊。

《春秋左傳註疏》六十卷：晉杜預註，唐孔穎達疏，首有孔穎達《春秋正義》序。拜經樓藏書題跋記云此書毛刻註文脫漏甚多，且有將陸氏釋文誤作註者。崇禎戊寅（十一年）刊。

《春秋公羊註疏》二十八卷：漢何休註，唐徐彥疏，首有何休序。崇禎甲戌（七年）刊。

《春秋穀梁註疏》二十卷：晉范寧集解，唐楊士勛疏，首有《春秋穀梁傳》序，乃范寧集解之序。崇禎乙亥（八年）刊。

《爾雅註疏》十一卷：晉郭璞註，宋邢昺疏，首有邢昺《爾雅註疏》序。崇禎庚辰（十三年）刊。〔註2〕

《論語註疏》二十卷：魏何晏集解，宋邢昺疏，首無序。然有目，異於其他各書。崇禎丁丑（十年）刊。

《孝經註疏》九卷：唐玄宗註，宋邢昺疏，首有唐玄宗御製序、邢昺《孝經註疏》序。崇禎己巳（二年）刊。

《孟子註疏》十四卷：漢趙岐註，宋孫奭疏，首有孫奭《孟子正義》序、《孟子註》

〔註2〕汲古刻本末所題刊刻年代爲崇禎元年，然十七史前所附「編年重鐫經史目錄」內言《爾雅》刊於崇禎十三年。按毛晉撰「重鐫十三經十七史緣起」內有「每歲訂正經史各一」之語，故此改爲崇禎十三年刊本。

疏題辭解，每卷又分上、下。崇禎癸酉（六年）刊。

汲古此刻之劣，全在於字句之訛誤，百年之內，無人釐正，直至清乾隆中葉，官方又據北監本刊成十三經，即世所稱之武英殿本，非但校勘極精，且附有考證，方稍訂正汲古本之誤，然流傳未廣。後阮元據各種版本撰成十三經校勘記，後又再據南監十行本刻成十三經〔註3〕，汲古本之訛誤方畢見於世，而十三經又復有善本出。

汲古刻本雖校勘拙劣，然明末至清初百年間十三經之得以廣行於世而不絕，仍賴汲古閣此刻，故汲古閣本於十三經傳承之功，實亦不可抹煞。清中葉蘇州坊肆曾有翻刻汲古閣本，然較汲古閣本更爲低劣，不足爲論。

汲古閣本現臺灣大學藏有一部，中圖、故宮、省立臺北圖書館所藏則皆未全。陶湘《明毛氏汲古閣刻書目錄》未云有陳函輝序，然於錢、張二序外別云有張能鱗、蔣文蓮、凌義渠、張鳳翮、盧世㴷諸人之序，今皆未見。

第二節　易　類

《周易本義》四卷

宋朱熹撰，熹字元晦。

明崇禎十四年刊本。

板匡高十七、五公分，寬十三、五公分。半葉九行，行十七字，小註雙行，行亦十七字。左右雙欄，板心花口，無魚尾。板心上端書「易經」，中書卷數及篇名，再下記葉數，最下端題「汲古閣」。書內刻有句讀，卷末題「崇禎十有四年三月初吉海虞毛晉訂正本」。書首則有成化己丑（五年）洪常序。

按洪常序曰：

> 《周易本義》有古經、今經之異，程子因今經作傳，朱子因古經作本義，後世以本義附於傳而一之，故今本義之序亦今經也。奉化邑庠教喻成君矩謂世之讀易者，先本義而後傳，故獨刻本義行於世，讀者便之。今成君致政還姑蘇，板隨以行，學者不易得，寧波郡庠胡生儔與其弟信乃以成君本重加校正……捐己貲以刻諸梓……。

據此，知毛本乃據胡儔、胡信兄弟成化五年校刻成矩本重刻。

〔註3〕阮元刻本除《儀禮》作五十卷、《爾雅》依單疏本作十卷外，餘悉同南監本。其中《周易》仍不附《略例》、《孟子》有題辭，同毛刻。

按《宋志》、《陳錄》著錄《朱熹本義》十二卷，陳振孫云朱子書乃「以呂氏古易經爲本義，其大旨略同而加詳焉」。此所謂呂氏古易經，即《陳錄》著錄之汲郡呂大防規復古易原貌而編之《周易古易經》十二卷。其書錄上下經，並錄爻辭、彖、象，隨經分上、下，共爲六卷；上下繫辭二卷；文言、說、序、雜卦各一卷，共十二卷。毛本則除以易卦九圖、周易朱子圖說及變卦圖、筮儀等卜揲之法爲卷首外，上經爲卷一、下經爲卷二，並彖、象、文言附之經下，繫辭上、下爲卷三，說、序、雜卦爲卷四，已非朱子原本次第矣！又《四庫簡目標注》云：「《周易本義》十二卷，宋朱熹撰。坊刻此書，皆改從程傳之次第」云云。按程頤撰《易傳》四卷，坊刻乃割裂本義附於程傳，而改從其次第。顧炎武日知錄論通行本朱子本義之緣起則云：

> 洪武初頒五經天下儒學，而易兼用程朱，二氏亦各自爲書。永樂中修大全，乃取朱子卷次割裂，附程傳之後……後來士子厭程傳繁多，棄去不讀，專用本義。而大全之本乃朝廷所頒，不敢輒改，遂即監版傳義之本，刊去程傳，而以程之次序爲朱之次序……。

惟《四庫總目》已辨其非是，云：「然割裂本義，以附程傳，自宋董楷已然，不始於永樂」云云。據此，則朱子本義於宋時即已割裂而附之程傳，至明時，士子棄去程傳，專用本義。成矩即獨刻本義四卷行於世。成化五年，胡儔、胡信校正成本而重梓，崇禎十四年毛氏又據以重刻。今朱子本義十二卷原本，尚有宋本及清代覆刻本傳世，毛刻並非善本。

第三節　詩　類

《童子問》十卷

宋輔廣撰，廣字漢卿，號潛菴。

明崇禎間刊本。

版匡高十九、三公分，寬十四、三公分。半葉九行，行以十九字爲率，小註雙行，以十八字爲率。左右雙欄，版心花口，無魚尾。版心上端書《童子問》，中書卷次及篇名、葉數，下署「汲古閣」。無序跋。

《宋志》有輔廣《詩說》一部，未題卷數，殆即此書，《國史經籍志》及朱彝尊《經義考》著錄《詩童子問》二十卷，與此刻不合，《四庫總目》則作《詩童子問》十卷。

按《四庫總目》論此書曰：

　　朱彝尊《經義考》載是書二十卷，有胡一中序，言閱建陽書市購得而鋟諸
　　梓，且載文公傳於上，《童子問》於下。此本僅十卷，不載朱子集傳，亦
　　無一中序。蓋一中與集傳合編，故卷帙加倍。此則汲古閣所刊廣原本，故
　　卷數減半，非有所闕佚也！」

據此，則此刻乃回復輔廣原本之舊式，故僅十卷。此書歷來刊刻無多，傳世者亦罕，
汲古閣此刻，洵可寶也！現中圖藏有毛刻一部，餘皆未見。

第四節　小學類

《說文解字》十五卷

　　漢許慎撰，慎字叔重。

　　清順治間刊本。

　　板匡高二十一、四公分，寬十五、九公分。半葉七行，行大字十五、小字二十
二，左右雙欄。版心白口，單魚尾，下刻「說文卷幾」，再下署葉數。全書凡十五卷，
每卷再分上、下兩子卷。每卷首行有卷次及許慎之題名，次行有奉敕校定者徐鉉之
題名。書首有標目，末有雍熙三年牒文及徐鉉等進表。清初修補本則扉頁內中書「說
文真本」，右上題「北宋本校刊」，左下題「汲古閣藏板」；並於牒文後題「後學毛晉
從宋本校刊，男扆再校」，並附毛扆跋及錄他書之論說文者。

　　此書《隋志》、《新、舊唐志》、《宋志》、《中興書目》及《晁志》著錄。按宋時
許氏原本已失，僅存李陽冰析改之三十卷本，《陳錄》、《通考》即載三十卷本，《四
庫總目》則據毛本著錄。

　　按許慎撰說文原為十五卷，傳至唐朝，因歷代輾轉手鈔，訛誤甚多，李陽冰遂
為之改訂，釐成三十卷，許慎原書真目遂失。南唐徐鍇曾撰《說文解字繫傳》，前三
十卷《通釋》所據即李陽冰本，世稱為小徐本說文，然頗罕見；宋初鍇兄鉉奉詔與
句中正、葛湍、王惟恭等校訂說文，即世稱之大徐本說文，亦是三十卷本，而未能
復許君之舊。至南宋孝宗時，李燾又作《說文解字五音韻譜》三十卷，以大徐本為
準，而取集韻卷第，改說文始一終亥之次第為始東終甲，說文之次第遂亂。然由南
宋至明末，所傳世者，皆此始東終甲之本，直至明清之際，毛晉覓得宋刻大徐本，
以大字開雕，則說文始一終亥之原次第重現，汲古此刻，於小學之研究，可謂其功
厥偉！

　　毛晉覓得宋本，開雕說文後，未卒業即謝世，其子毛扆繼父志，將之刊梓完成。

其書初梓之時，猶類宋刻，然其後屢據繫傳本修改，大徐本原目又漸失；直至清嘉慶以後，乃有額勒布刻鮑惜分所藏宋本，即世所稱之藤花樹本，又有孫星衍重刊仿宋小字本等書出後，大徐本之眞面目，方再重見於世。

　　汲古閣所刻，究是據宋刻何本，歷來爭議頗多。《儀顧堂題跋》載北宋槧十五卷小字本（二十行，行大字二十，小字三十字不等），日後有阮元手跋，云毛晉所刊即據此，凡有舛異，皆毛扆妄改。又孫星衍、段玉裁、陸心源則謂汲古刻本乃祖明趙靈均影鈔宋刊大字本（十行，行大字十八、小字二十九、三十不等）。按毛扆跋此書，日其父購得說文眞本，係北宋版，嫌其字小，以大字開雕，未竟而卒；扆乃繼志嚳田而刻成之云云。今考楊氏《楹書隅錄》，云其曾見汲古閣舊藏宋大字本，然與汲古刻本不合。至此眾說紛芸，莫衷一是，近高明先生曾詳加考證〔註4〕，云毛晉初刻時，所據實爲小字本，至毛扆繼刻時，所據又是另一大字宋本。此說實亦可解歷來之爭。

　　汲古此刻，雖祖宋本，然刊刻之時，誤字頗多，後來據繫傳剡改後，譌誤更甚，然汲古本實爲宋以後刻說文之始，自明季至清嘉慶間百餘年，世行者皆汲古本，汲古本之誤謬，亦傳之百年而未訂；直至段玉裁據王昶、周錫瓚所藏宋刻，益以石樹蓮、趙頤光所藏影宋鈔本校毛本而撰成汲古閣說文訂，汲古本之謬誤方彰於世。

　　汲古此刻現中圖藏四部，其中一部乃初刊未剡，卷七以下配補據汲古初刊本而重梓之揚州書局本，有莫棠手跋；故宮藏有一部，亦初印未修本；餘史語所藏三部、國防研究院藏一部、臺大藏一部，皆爲清初修補之本。

《漢隸字源》五卷附《碑目》一卷

　　宋婁機撰，機字彥發。

　　明末汲古閣刊本。

　　板匡高二十五、四公分，寬十六、八公分。每半葉五行，字數不等；《碑目》則每半葉九行，行十九字。左右雙欄。版心白口，無魚尾，中題書名葉數，下刻「汲古閣」三字。前有扉頁，中大字題書名，右上小字題「宋本重刊」，左下小字題「汲古閣藏板」。首冠慶元三年洪邁序，次綱目三條。

　　此書《宋志》、《陳錄》、《通考》、《國史經籍志》及《四庫總目》著錄，皆六卷，惟《國史經籍志》題《漢隸字書原》。

　　其書首列綱目三條，即考碑、分韻、辨字，以明全書之體例；次碑目一卷，共

〔註4〕詳細考證，見東海學報第十六卷，此不贅。

收漢、魏碑三百有九；餘五卷乃以四聲歸字，而以韻不能載者十四字附於卷五之末。

《四庫總目》云此書碑目一卷，凡漢碑三百有九，魏晉碑三十有一。按毛刻碑目所收實總三百九條，北平館藏宋紹興刊本及《皕宋樓藏書志》所載陸師道手抄本亦同，又《陳錄》云：「以世所存漢碑三百有九韻類其字，魏碑附焉者僅三十之一」。其意乃魏碑僅佔全數之三十分之一，《四庫總目》略嫌語焉不詳。

毛氏此刻乃據宋本而梓，現故宮藏有二部，其一附楊守敬照片一幀，並有「星吾海外訪得秘笈」等印記，蓋爲楊氏自日本購歸者；另一部扉頁內有「汲古閣重刊宋本」及「受恒堂藏板」等字，殆是得汲古閣版而重印之本。此外中圖、史語所及臺灣大學亦各有收藏。

第二章　史　部

第一節　正史類

《十七史》一千六百十卷

明崇禎元年至清順治十三年汲古閣刊本。

板匡高二十一、五公分，寬十五、三公分。半葉十二行，行二十五字，間有小字夾行，行三十七字。左右雙欄，版心白口，單魚尾，下書書名及卷次，惟每卷首、尾兩葉改題「汲古閣」與「毛氏正本」，再下書葉數。每卷首、尾兩頁下多有「琴川毛鳳苞氏審定宋本」牌記。每書末均題雕板年月，首皆有目，並列該書原目於前。全刻之首有順治十四年錢謙益、侯于唐及未署年月之張能麟三序。後並附順治十三年毛氏所撰「重鐫十三經十七史緣起」及「編年重鐫經史目錄」。

此刻上起《史記》，下迄《五代史》，共十七種，乃毛氏天啓七年於闈場內夢蟠龍金書，遂於崇禎元年起，與十三經每年各梓一部者。此事已詳載於「重鐫十三經十七史緣起」內，錢謙益序亦言及。其中十三經已於崇禎十三年梓成，十七史則因卷帙較繁，且兩度遭水火魚鼠之災，版片毀損甚多，毛晉為之鬻田三百畝，陸續緝補，至順治十三年方告全部竣工，時距開雕之日，已有三十年，毛晉此刻所耗時間金錢，可謂鉅矣！侯于唐序此刻，曰毛晉之意，乃不欲以十七史私諸己，而欲以之公諸人，殆太史公所謂好學、深思，心知其意者云云。按當世正史傳世者甚少，毛晉此刻出後，十七史方廣為流傳，其將諸史公諸世人之願，可謂善矣！惟十七史外，尚有宋、元、遼、金四史未刊，據張能麟所序，則因《宋史》銓次失倫、闒茸繁猥，《遼史》、《金史》錯亂，《元史》叢穢，毛晉未刻，乃是俟之論定，非力不逮。

按明太祖曾命宋濂等撰《元史》，合成《二十一史》，刊佈天下，此即世所稱之明南監《二十一史》；南監本之版，除《元史》外，皆係歷經宋、元兩代之三朝本，故殘佚甚多，雖嘉靖間有修補，然終未完備。萬曆間北京國子監遂再據南監本重刊《二十一史》，即爲世所稱之北監本《二十一史》。其時南監本已殘闕不全，北監本又據以刊雕，故亦非善本。毛晉此刻，即不據監本，各史皆訪求宋元以前舊刻重梓，此可謂毛氏之功。然毛晉刻書多校勘草率，所據雖是舊帙，然所刻則訛誤甚多，雖卷帙之分合仍沿舊本，然字句之闕失譌奪，比比可見，甚是可惜。若單就史書之流傳而論，汲古此刻非但首以私人之力彙刻諸史，且將之廣爲流佈，其功實亦不可滅。現通行之史書內，有所謂五局合刻本二十四史，乃清同治年間各官書局所合刻者，其中江寧局所刻《史記》、《漢書》、《後漢書》、《三國志》、《晉書》、《南史》、《北史》、《宋書》、《齊書》、《梁書》、《陳書》、《魏書》、《北齊書》、《周書》；揚州局所刻之《隋書》、杭州局所刻之《新唐書》及武昌局所刻之《新五代史》，皆是據汲古本重校重刊。汲古本流傳之久，影響之大，由是可見。

汲古此刻，中圖現藏有整部，故宮、臺灣大學、史語所、省立臺北圖書館及東海大學所藏，則皆未全。因汲古此刻，非似十三經皆據同一處刻本重梓，而是各有所據，今分而論之如下：

《史記》一百三十卷

漢司馬遷撰、宋裴駰集釋。遷字子長，駰字龍駒。

崇禎十四年開雕，順治十一年補緝脫簡周本紀一卷、禮樂律曆書四卷，儒林列傳五、六、七葉。

書首有駰撰《史記》集解序，序文與正文相銜，仍宋本之舊式。

漢志載太史公百三十篇；《隋志》、《新、舊唐志》、《宋志》、《晁志》、《陳錄》、《通考》、《國史經籍志》及《四庫總目》所載則皆《史記》一百三十卷。據此，漢時此書猶稱《太史公書》，至魏晉以後，方稱爲《史記》。又《隋志》及《新、舊唐志》別列裴駰註八十卷，是唐以前駰註仍爲別行；《宋志》已載裴駰等集解《史記》一百三十卷，則宋時已將註文與《史記》正文合併。

此刻篇目仍因舊本，作十二本記、十表、八書、三十世家，七十列傳。按此刻乃是據宋本重雕，書首扉頁內即有「毛氏據古宋翻刻」之題字，《楹書隅錄》內載有淳熙間刊小字本，內有毛晉印記，《汲古閣珍藏秘本書目》內亦載有蜀大字本《史記》，此二宋本，殆即此刻之所據。瞿氏曾以毛本較嘉靖間王延喆翻宋本及明監木、宋本，多有諸本誤而毛本不誤者（其所舉之例，參瞿目卷八，此不贅），《四庫總目》列毛晉之誤，亦僅貨殖列傳內，孫叔然誤作孫叔敖一條，則毛晉此刻，實亦足以稱善本。

明世除毛本外，尚有嘉靖間王延喆、柯維熊本及萬曆間凌稚隆《史記評林》本亦可稱善；至清武英殿刊本出，其善又在諸本之上。惟毛本係裴駰單集解本，餘皆裴駰集解、司馬貞《索隱》、張守節《正義》合刻本為異耳！

《前漢書》一百卷

漢班固孟堅撰，唐顏師古注。師古本名籀，以字行。

崇禎十五年開雕，順治十二年補緝脫簡藝文志一卷、文三王傳、賈誼傳、敘傳四卷。

此書《隋志》作百十五卷；《新、舊唐志》同，又別出顏師古著百二十卷；《晁志》、《陳錄》、《通考》及《宋志》則載師古注百卷，《四庫總目》所載則百二十卷。

按此書計十二帝紀十三卷、八表十一卷、十志十八卷、七十列傳七十九卷，凡百篇，百二十卷。因內多有分子卷者，故歷來卷數異題，實內容皆一。

毛晉此刻，仍有「審定宋本」之木記，惟《汲古珍藏秘本書目》內並未載此書宋本，故未詳其所出係何種宋本。現可知之宋本，皆附蕭該音義及劉宋等校語，毛本皆刪去；陸心源曾以紹興初年所刊蜀大字本校毛本，云毛本字句之譌奪甚多，並皆舉例明證之（見《儀顧堂續跋》卷五）。至明南監本，則將師古注多刪削而不全，實在毛本之下。故此書之刻，除宋本外，仍以清武英殿本為最佳。毛本雖出於宋本，然刪削譌奪處不少，非善刻也。

《後漢書》一百二十卷

劉宋范曄撰，唐章懷太子賢注；其中志三十卷為晉司馬彪撰，梁劉昭注。曄字蔚宗；賢字明允，高宗子；彪字紹統；昭字宣卿。

崇禎十六年開雕，順治十二年補緝脫簡八志三十卷。

按志三十卷即彪之續《漢書》志，劉昭注。初本別行，北宋乾興年間，監刻范書，以無志，始因孫奭之請，取彪書之志附入，而併刻之，遂成今本《後漢書》。

《隋志》載《後漢書》九十七卷，又別載司馬彪《續漢書》八十三卷、劉昭注《後漢書》一百二十五卷；《新、舊唐志》則俱作范氏《後漢書》九十二卷、司馬彪《後漢書》八十三卷、劉昭補注《後漢書》五十八卷、章懷太子賢注一百卷。其卷數雖互有異，然各書仍未合稱。至《崇文總目》、《晁志》及《通考》，始總而志之，曰《後漢書》九十卷、志三十卷；《宋志》與《陳錄》，亦僅稱《後漢書》九十卷、後漢志三十卷。現所知之宋刻，則皆已併作百二十卷或百三十卷。

按范氏書內，帝紀及列傳原皆分有子卷，即十帝紀十二卷，八十列傳八十八卷，益以八志三十卷，凡九十八篇，總一百三十卷。若不分子卷，則為一百二十卷。歷

來卷數不合，亦非內容有異也。又《唐志》別載范氏《後漢書》論讚五卷，似唐時論讚與《後漢書》別行。然《四庫總目》據《史通・論讚篇》，已證唐時范書論讚已綴卷末。

此刻仍是據宋本而梓。《楹書隅錄》內載此書嘉定間刊十三行本，內有毛晉印記，嘉定本內刪去劉氏注補本序，毛本亦無劉序，則此宋本或即毛本所據。又《儀顧堂續跋》卷五內載紹興初蜀刊大字十行本校毛本，其列舉毛本之訛誤多至數十處，則毛本校勘尚未精審。

《三國志》六十五卷

晉陳壽撰，劉宋裴松之注。壽字承祚，松之字世期。

崇禎十七年開雕，順治十三年補緝脫簡蜀志二卷至七卷，上《三國志》表一篇。

書首有元嘉六年裴松之〈上《三國志》註表〉、《晉書・陳壽本傳》及節錄《宋書》裴松之傳。

此書《隋志》著錄六十五卷，又〈敘錄〉一卷；《新、舊唐志》則魏、蜀、吳三志分載，而《吳志》多一卷，蓋所見本多〈敘錄〉一卷在其志後。《崇文總目》、《晁志》、《陳錄》、《宋志》、《通考》及《四庫總目》所載，則皆六十五卷，已佚〈敘錄〉。

此刻計《魏志》三十卷、《蜀志》十五卷、《吳志》二十卷，凡六十五篇，總六十五卷，乃汲古閣據宋本重梓。宋本現所得見者，僅宋紹興間衢州刊十行大字本，其每卷首行上先題小題如《魏志》幾等，下再題大題《三國志》幾，毛刻悉與之同；惟宋刻每志前各列其目，毛刻則總列於前。各家書志所載此書宋刻，除此衢州本外，僅海源閣載大字本、松江韓氏載小字十三行本，餘悉未見。毛刻內有「審定宋本」牌記，其所據究為何本，則不得而知！後清武英殿刻此書，乃取南北宋本、元本、明南監與汲古本相互校讎而刻，實是此書最佳之刊本。

《晉書》一百三十卷

唐房玄齡等奉敕撰，玄齡字喬孫。

崇禎元年開雕，順治五年補緝脫簡載記三十卷。

書首有唐太宗撰《晉書》載記序。按載記三十卷所收乃五涼、四燕、三秦、二趙、夏、成漢十六國之事。

此刻目錄首行題「唐太宗文皇帝御撰」，明南監本每卷之首所題亦同。按此書除宣帝、武帝二紀，陸機、王羲之二傳，其卷末之論稱「制曰」，乃出於唐太宗御撰外，其餘皆僅稱「史臣曰」，乃知是房玄齡、許敬宗等二十一人所撰。稱此書為唐太宗御撰，實乃汎稱。

　　此書《新、舊唐志》、《崇文總目》、《宋志》、《晁志》、《陳錄》、《通考》及《四庫總目》載之，均一百三十卷。惟《舊唐志》稱許敬宗等撰，《新唐志》則詳註撰者二十一人。

　　此刻爲帝紀十卷、志二十卷、列傳七十卷、載記三十卷，凡一百三十篇，總一百三十卷。卷內仍有毛晉「審定宋本」牌記。按《丁志》內載此書宋刊小字本，鈐有毛晉印記，並跋曰：「余全史中原本亦係宋刻，每多缺字，而此本特全，洵可寶也」云云。據此，毛晉此刻實是據宋本而梓，然所據究爲何本，則不得而知。《楹書隅錄》言《晉書》自宋以來絕少佳刻，明南、北監、汲古閣本展轉相譌，幾同自檜。《丁志》、《瞿目》載宋刊大字本，均言其刻足正監本、毛本之誤。則毛晉此刻，其字句訛誤闕失處，實不在少。

《宋書》一百卷

　　梁沈約撰，約字休文。

　　崇禎七年開雕，順治八年補緝脫簡符瑞志三卷、百官志二卷。

　　此書《隋志》、《新、舊唐志》、《崇文總目》、《晁志》、《陳錄》、《宋志》、《通考》及《四庫總目》均載之。

　　書內爲帝紀十卷、志三十卷、列傳六十卷，凡七十七篇，總一百卷。其中列傳第六到彥之傳，《陳錄》所載之本及南監本均闕，此刻雖於目錄下註「闕」字，然卷內實有其文，文末並有宋嘉祐間鄭穆等人校語，言疑此文非沈氏原書，然仍存之云云。考以今傳所謂眉山七史內《宋書》，與毛本悉同，眉山七史本《宋書》志第十二末亦有校語，毛本與之亦同，惟與正文相連屬。故毛晉此刻所據，應即是所謂眉山七史本。

《南齊書》五十九卷

　　梁蕭子顯撰，子顯字景陽。

　　崇禎十年開雕，順治九年補緝脫簡輿服志一篇，高逸、孝異列傳二篇。

　　書首有宋鄭穆、曾鞏等人校勘序。

　　此書《舊唐志》、《崇文總目》、《宋志》、《晁志》、《陳錄》、《通考》及《四庫總目》所載均五十九卷，惟《隋志》、《新唐志》作六十卷，所差一卷乃子顯敘傳及表，而敘傳佚於唐、表佚於宋。

　　書內凡本紀八卷、志十一卷、列傳四十卷、凡五十六篇，總五十九卷。

　　毛晉此刻所據，乃所謂眉山七史本。書末附宋治平二年崇文院送杭州開版牒文。按宋代眉山刻此書時，即佚其四葉，後代沿之者，皆因而闕失不全，毛刻內部有四處闕文。今取中圖所藏「南宋紹興間刊元至明初修補本」（即《眉山七史》本之一）

校毛本，則宋刻卷十五（志卷七）闕第三葉、卷三十五（列傳卷十六）闕第十葉，與毛本空白處相同；宋刻卷四十四（列傳卷二十五）闕第六葉，毛本始闕處與宋本同，然末後毛本多「沈文季字伯達吳興武康人父慶之宋司空文季少以寬雅正直見知孝建二年起家主簿徵」三十六字，為宋本所無，殆毛晉據他本補入者；宋刻卷五十八（列傳卷三十九）闕第五葉之下半版約一百四十九字，而毛本卻整葉未刻，較宋刻闕失尤多。

除毛本外，明北監本及清武英殿本闕處亦同，蓋所出皆眉山七史本。傅增湘氏於其《藏園群書題記》內，載有一未闕之宋本，現已不得見；商務印書館所行之百衲本二十四史，則已據宋本補足志卷七及列傳卷十六之闕處，餘二處闕文仍無法補全，不無遺珠之憾。

《梁書》五十六卷

唐姚思廉撰，思廉名簡，以字行。

崇禎六年開雕，順治七年補緝脫簡皇后、太子列傳二篇。《新唐志》、《崇文總目》、《宋志》、《陳錄》、《晁志》、《通考》及《四庫總目》均作五十六卷，惟《舊唐志》作五十卷，或有誤。

書內共分本紀六卷、列傳五十卷、凡五十六篇，總五十六卷。

按毛晉此刻所據，仍是眉山七史本，惟眉山本卷首次行題「散騎常侍姚思廉撰」，毛本則削去名銜；眉山本每卷前小題在上，大題在下，毛本則削去大題，統排卷第，而於每卷首行作「《梁書》卷幾」，次行作「本紀（或列傳）第幾」，其餘皆類眉山本。惟毛本刊刻仍多有譌誤處，《儀顧堂續跋》卷五已列舉之，此不復贅。

《陳書》三十六卷

唐姚思廉撰。

崇禎四年開雕，順治六年補緝脫簡儒林、文學列傳二篇。

目錄後有嘉祐間鄭穆、曾鞏等人校語。

《新、舊唐志》、《崇文總目》、《宋志》、《晁志》、《陳錄》、《通考》及《四庫總目》均載之。

書內分為本紀六卷、列傳三十卷，凡三十六篇，總三十六卷。

按此刻所據，仍是眉山七史本，毛本竄改眉山本之題名，與《梁書》全同；其與眉山本相異而譌誤之處，仍見《儀顧堂續跋》卷五，此不贅。

《魏書》一百十四卷

北齊魏收撰，收字伯起。

崇禎九年開雕，順治九年補緝脫簡志二十卷。

此書《隋志》、《新、舊唐志》、《崇文總目》、《宋志》、《晁志》、《陳錄》、《通考》俱作一百三十卷，惟《四庫總目》作一百一十四卷，與毛本同。按此書魏氏原分十二帝紀十四卷、九十二列傳九十六卷、十志二十卷，凡一百一十四篇，一百三十卷，毛本與諸書志之異，僅在子卷之分合，非爲內容之異也！魏氏此書亡佚甚多，宋時校書者，多取《高氏小史》、《北史》等補足之，毛晉亦於卷末一一註明，而於原書闕者，皆在目錄下註一「闕」字。考毛本卷三、卷十二至十五、卷十七至十九上、卷二十五等二十四卷之末，均有小註雙行校語，與眉山七史本附於各卷末之校語相同，則毛晉此刻，亦是出於眉山七史本。

《北齊書》五十卷

唐李百藥撰，百藥字重規。

崇禎十一年開雕，順治十年補緝脫簡神武本紀二卷、後主幼主本紀一卷，列傳散失八十八葉。

此書《新、舊唐志》、《崇文總目》、《宋志》、《晁志》、《陳錄》、《通考》及《四庫總目》均載之。書內凡本紀八卷、列傳四十二卷，共五十篇，五十卷。

毛晉此刻所據，仍眉山七史本，惟所據之本脫誤甚多，動輒整頁或數百字，《儀顧堂續跋》卷五已載之，並以此刻爲毛刊十七史中最草率者。

《後周書》五十卷

唐令狐德棻等奉敕撰。

崇禎五年開雕，順治七年補緝脫簡異域列傳二篇。

書首有宋梁熹、王安國、林希三序。

此書《新、舊唐志》、《崇文總目》、《晁志》、《陳錄》、《通考》、《宋志》及《四庫總目》均載之。全書凡本紀八卷、列傳四十二卷，共五十篇、五十卷。

按陸心源氏言毛本出自南監本。此所謂南監本，亦即據所謂眉山七史本，不過入明南監印行較晚者，非有他本。至毛本譌誤處，《儀顧堂續跋》卷五已詳載之，此不贅錄。

《隋書》五十八卷

唐魏徵等奉敕傳，徵字元成。志三十卷則唐長孫無忌等奉敕撰。

崇禎八年開雕，順治八年補緝脫簡志三十卷。

此書《新、舊唐志》、《崇文總目》、《宋志》、《晁志》、《陳錄》、《通考》及《四庫總目》均載之。書內凡《帝紀》五卷、志三十卷、列傳五十卷，共八十五卷。

按此書末附有天聖二年官刊識語，且書內「貞」字避諱改爲「正」，則毛晉此刻所據，應是宋時官刻之本。

《南史》八十卷

唐李延壽撰，延壽字遐齡。

崇禎十三年開雕，順治十一年補緝脫簡列傳六十卷至七十卷。

此書《新、舊唐志》、《崇文總目》、《宋志》、《晁志》、《陳錄》、《通考》及《四庫總目》均載之。書內凡本紀十卷、列傳七十卷，凡八十篇、八十卷。所載乃宋、齊、梁、陳四朝事。

此書今不見宋本，各書志所載最早者僅止於元刊。《丁志》曾舉毛本誤處二則，並言毛本一、二字之譌，難以盡舉。然毛本究何所據，則不得而知。

《北史》一百卷

唐李延壽撰。

崇禎十二年開雕，順治十年補緝脫簡本紀十二卷。

此書《新、舊唐志》、《崇文總目》、《宋志》、《晁志》、《陳錄》、《通考》及《四庫總目》均載之。書內凡本紀十二卷、列傳八十八卷，共一百篇、一百卷。所載乃北魏、北齊、北周及隋代之事。

瞿目載有此書宋刊殘本，並曾以此刻相互校之，於瞿目卷八內詳載汲古本譌誤之處。然毛本所據，現已不可考。

《唐書》二百二十五卷

宋歐陽修、宋祁奉敕撰，修字永叔，祁字子京。

崇禎二年開雕，順治五年補緝脫簡曾公亮進《新唐書》表、目錄四十三葉。

書首有嘉祐五年曾公亮〈進《新唐書》表〉。

此書《宋志》、《晁志》、《陳錄》、《通考》及《四庫總目》均載之，然《宋志》作二百五十五卷，按曾氏〈進書表〉即云此書二百二十五卷，則《宋志》所載或有誤。書內凡十本紀十卷、五十志五十六卷、十五表二十二卷、一百五十列傳一百六十卷，凡二百二十五卷；亦有分計子卷，並與目錄二卷合稱爲二百五十卷者。

此刻內刻有毛晉「審定宋本」牌記，按瞿目內載此書宋刊十行本，云有毛晉印記，或此刻即據該宋刊本而梓，惟瞿氏言毛本校讎未精，仍多有舛誤。

明南監本又附有釋音義二十五卷，毛本無。

《五代史》七十四卷

宋歐陽修撰，徐無黨註。

崇禎三年開雕，順治六年補緝脫簡司天考二卷、職方考一卷、十國世家年譜一卷、陳師錫序一葉。

書首有宋陳師錫《《五代史記》序》，列傳、考、年譜、附錄前則皆有歐陽修序。

此書《陳錄》、《宋志》作七十四卷，《晁志》、《通考》、《四庫總目》則作七十五卷，蓋合目錄一卷計之也！書內凡本紀十二卷、列傳四十五卷、司天職方考三卷、世家年譜十一卷、四夷附錄三卷，共七十四篇、七十四卷。所載乃梁、唐、晉、漢、周五朝之事。

此刻刻有毛晉「審定宋本」牌記，按瞿目卷八內載有此書宋刊十行本，云內有毛晉印記。毛晉此刻，殆即從此宋刊本出。

第二節 編年類

《陸狀元增節音註精義資治通鑑》一百二十卷

宋陸唐老撰。唐老字號不詳，因於淳熙間中進士第一，故世以陸狀元稱之。

明末汲古閣刊本。

板匡高十八、七公分，寬十三、五公分。每半葉八行，行十七字，小註雙行，行亦十七字，左右雙欄。板心花口，上象鼻題「陸狀元通鑑」，無魚尾，中書卷次、卷題及葉次，下象鼻刻「汲古閣」三字。書首有總例五條、目錄二卷，次卷首一卷，內錄神宗皇帝御製序、元豐七年〈上《資治通鑑》表〉、元豐元年司馬溫公兩序、劉恕外紀序及紹興三十年馮時行《《通鑑》釋文序》。目錄前則題「宋會稽陸唐老集註，明海虞毛晉訂正」。

此書黃氏等《宋志補》及《續通考》著錄，《四庫》僅存其目。

其首二十卷乃宋時刊刻之人所增之論《通鑑》看法等，非陸氏原書所有，蓋宋時刊刻此書，乃備科學帖括之用，故《四庫總目》評之曰「淺陋頗甚而寥寥不詳」！毛晉刻此書，或亦是射利，故不足論。

此刻中圖、臺大、史語所及美國葛斯德東方圖書館均有收藏。

第三節 雜史類

《五代史補》五卷

宋陶岳撰，岳字介立。

明末汲古閣刊本。

板匡高二十一、三公分，寬十五、二公分。每半葉十二行，行二十五字，左右雙欄。版心白口，單魚尾，下題書名及卷次，惟每卷首、尾兩葉改題「汲古閣」及「毛氏正本」，再下書葉數。每卷首行及末行下有「琴川毛鳳苞氏審定宋本」牌記。書首有大中祥符五年陶岳序，序後緊接目錄。卷末有毛跋。

此書《晁志》、《陳錄》、《通考》、《宋志》、《國史經籍志》及《四庫總目》均著錄，惟晁、陳、馬三家作《五代補錄》。按陶序已言此書凡五卷，命曰《五代史補》，則晁氏等所載或誤。又《晁志》、《陳錄》謂此書所載凡一百七條，今考此刻，梁二十一條、後唐二十條、晉二十條、漢二十條、周二十三條，共計一百四條，按王明清《揮麈錄》載有毋邱裔貧賤時借《文選》事，云見載於陶岳《五代史補》。今本未載此條，殆已有闕漏！

又卷末毛跋云：

> 薛居正監修梁唐晉漢周《五代史》一百五十卷，久不傳於世，六一居士病其繁猥，汰卷秩之半，潯陽陶介立復病其闕略，爲之補……

則是以此書乃補歐陽修《新五代史》者。今考此書，成於大中祥符年間，下距歐陽修撰《新五代史》，尙有數十年之久，則此書所補，實薛氏《五代史》，毛晉所述有誤。《知聖道齋讀書跋》卷一，《五代史補》五卷條即云：「……毛子晉後跋，謂六一病薛史繁猥，汰卷帙之矣，陶氏復病其闕略，補之。陶氏撰此書當眞宗時，序云祀汾陰之後，歲在壬子，乃眞宗大中祥符五年，在歐史前，所補者薛氏也。汲古閣刻書，後多有跋，大半紕繆如此。」

此刻內有「審定宋本」牌記，似是據宋本而梓，然現已無宋本傳世，未知毛氏所據。

此書刻本之存世者，僅有毛刻，現中圖藏有二部，臺灣大學藏有一部。

《五代史闕文》一卷

宋王禹偁撰，禹偁字元之。

明末汲古閣刊本。

版式行款同《五代史補》。首有王氏自序，末有毛晉跋。

此書《晁志》、《陳錄》、《通考》、《國史經籍志》及《四庫總目》著錄。《宋志》著錄此書爲二卷，按王氏自序已云補十七篇，集爲一卷，《宋志》誤。

此刻所載梁史三篇、後唐史七篇、晉史一篇、漢史二篇、周史四篇，共十七篇，

合於王序。毛晉跋語稱此書乃王氏「採諸實錄三百六十卷中，撰進一十七篇」，而成，但王氏自序則云「自梁至周，君臣事跡傳於人口而不載史筆者，往往有之……因補一十七篇……皆聞於耆舊者也。」則此書所據乃口述資料，非擷自實錄，毛晉誤。

其書現存世之刻本，亦僅有汲古閣本，附於《五代史補》之末。

第四節　地理類

（一）都會郡縣之屬

《吳郡志》五十卷

宋范成大撰，成大字致能，自號石湖居士。

明崇禎三年汲古閣刊本。

板匡高二十一、六公分，寬十四、六公分。半葉九行，行十八字，小註夾行，行以十七字為率，左右雙欄。大黑口，三魚尾，上兩魚尾間書「吳郡卷幾」，惟每卷首、尾兩葉改題「汲古閣」與「毛氏正本」，下兩魚尾間則書葉數。每卷首、末兩行頂格大題書名及卷次，次行題「吳郡范成大撰」，末行下方有篆字雙行題「同郡後學毛晉訂正重刊於虞山汲古閣」。書首冠紹定二年趙汝談序，次門類總目及目錄，目錄後並有宋劉九思、李起、汪泰亨、李宏之校勘名銜。卷末有毛氏跋。《武進陶氏汲古書目》云尚有汪瑞齡跋，今未見，各家書志亦未見著錄。

此書《陳錄》、《通考》、黃氏等《宋志補》、《國史經籍志》及《四庫總目》均著錄。

按趙汝談序及毛跋云石湖撰成此書後未行即歿，時有求附某事于籍而弗得者，因譁曰是書非石湖筆，太守不能決，亦不敢刻，遂以書藏學宮。紹定初年，李壽明為吳郡守，始取而刻之，趙汝談為之序。並以周必大所撰石湖墓誌銘內列有此書，而定此書為石湖所作。壽明又以此書僅止於紹熙三年（按《通考》及《四庫總目》俱作紹興，乃誤），故囑其僚屬汪泰亨與文學士數人，用褚少孫補《史記》例補成此書五十卷而刻之。明萬曆四十一年，毛晉時年十五，至吳郡應童子試，其師高伯瞱率之入大成殿禮孔子像，並謁韋刺史祠，見西廡有塵封蠹蝕之方冊半架，即《吳郡志》紹定之版，然毛晉時尚不識之。至崇禎三年，松江府知府襄西方岳貢創議修府志，馳書招晉與陳繼儒共主其事，晉乃攜錢謙益舊藏宋紹定本《吳郡志》前往。時有史□（按闕文）伯在座，撫卷曰：「此志為趙宋紹定刻版，藏學宮韋刺史祠中。」

晉乃恍然昔年所見，深愧童蒙覿面之失。逐甌理棹入吳門，再拜韋祠，然只餘朽木五片，疊香爐下，其餘已入庖丁爨煙矣！晉嘅異代異寶，不遇知音，竟付煨燼，因甌鋟諸梓。

按現中圖即藏有紹定間刻本，即毛氏刻本所據者。惟宋本卷十一郡守題名吳淵下有闕，毛刻以墨釘兩行半標示之。現墨海金壺本及守山閣本皆補足之，知毛本所闕乃鄭霖、余晦、余天任、趙與𡷊、趙汝歷及趙與育六人。並由張氏《愛日精廬藏書志》卷十六、《葉志》卷四及《蕘圃藏書題識》卷三，知爲宋賓王以影鈔宋本補足之。

此書於紹定刻時，已由汪泰亨等人補續，非石湖原書之舊，然其續並未標明，與原書相混，故《四庫總目》譏其體例殊乖。其書共分門類三十九，《四庫總目》並言其徵引浩博，而敘述簡核，爲地志中之善本。後清鄭虎臣輯《吳都文粹》，即是從此書刺取而成。

毛氏此刻，乃直據宋本重刻，使欲絕之書得以行世，其刊刻可謂有功。後墨海金壺本及守山閣木，即是以毛本爲據而刻。其中守山閣本更據宋本、文瀾閣本及《吳都文粹》校訂此書而作校勘記一卷，則更善於毛本。

此刻史語所、省立臺北圖書館皆有收藏，中圖更藏有四部，其中一部有蕘圃印記，並有宋賓王朱筆手校，黃丕烈、烏程蔣氏等手書題記，燦然可觀。

《重修琴川志》十五卷

元盧鎮撰，鎮字子安。

明末汲古閣刊本。

板匡高二十、三公分，寬十四、八公分。每半葉九行，行十八字。大黑口，左右雙欄，版心三魚尾，上兩魚尾間書「琴川卷幾」，惟每卷首、尾兩葉改刻「汲古閣」與「毛氏正本」，下兩魚尾間書葉數。每卷大題《重修琴川志》卷幾。首有總目，及宋寶祐二年丘岳、褚中，元至正二十三年盧鎮、二十五年戴良四序。

此書《四庫》未收，各書志均不載，《武進陶氏汲古書目》列於未得之目，蓋傳本罕見。阮元得之進上，始見載於《四庫》未收書提要。

按琴川即常熟之別名。此志初修於宋慶元間縣令孫應時，嘉定三年縣令葉凱始廣其傳。至淳祐元年，縣令鮑廉與邑民鍾秀實、胡淥旁搜博采，考古訪舊，列爲十門，是書乃詳，丘岳、褚中爲之序。後卷帙散佚，百餘年間未有取而續之者，至元代至正年間，盧鎮爲縣令，乃屬耆老顧德昭等搜求孫、鮑舊本而重正之，並附以續志，合爲十五卷，仍其舊名而題之曰《重修琴川志》，盧氏及戴良序之。

毛氏此刻，即據元末刊本重刻。元刊本現已不可得，惟中國藏有清張氏影元鈔木，與毛本悉合，而盧氏所謂之續志，皆已不得見。又毛本卷三監務以下、卷十五文學橋銘以下皆闕，殆毛晉所據元本即已闕。

按此書宋時刻成，百餘年後始有盧氏重刻，盧氏之後又二百餘年，亦僅有毛氏重刻之，毛氏於保存琴川文獻功甚鉅。

汲古此刻，現僅中圖藏有一部，有孫二酉用毛氏元刻勘過本校正及鄧邦述之手書題記，並抄錄有崇禎二年龔立本跋（按影元鈔本有之），又有群碧樓，孫爵昌，二酉等印記。故宮則藏有影鈔汲古閣舊校本一部，即阮元進呈之本。

（二）雜記之屬

《中吳紀聞》六卷

宋龔明之撰，明之字希仲，號五休居士。

明末汲古閣刊本。

板匡高二十、五公分，寬十四、九公分。半葉九行，行十八字，間有小註夾行，行亦十八字，左右雙欄。版心大黑口，三魚尾，上兩魚尾間書「紀聞卷幾」，惟每卷首、尾兩葉改題「汲古閣」與「毛氏正本」，下兩魚尾間則書葉數。卷一大題《中吳紀聞》卷第幾」，第二、三行則分題「宋崑山龔明之希仲紀、明虞山毛晉子九訂」，餘卷則不重署，尾題均隔行刻，猶是宋版舊式，每卷末有「虞山毛晉校刊，男扆再校」一行。首有扉頁，中間大字題書名，右上小字題「毛氏正本」，左下小字題「汲古閣藏板」。首冠淳熙九年龔明之序，次目次。卷末有至正二十五年盧熊跋，及無年月毛晉跋，並附龔氏《宋史》本傳。

此書僅《國史經籍志》、《續通考》及《四庫總目》著錄，殆自成書以來，流傳絕少。

卷末盧熊跋曰：「《中吳紀聞》六卷，凡二百二十五則，其子昱所敘行實附後，熊之外王父王君家所藏，前後散脫數紙，先大父錄本以傳。先大父既沒，熊於外家始覯元本，缺帙比前甚多。至正二十五年多，周正道以錄本見示，所存二百條，其餘亦皆缺失，遂得校正增補，尚恨未完」云云。按明之撰此書時，年已九十有二，書成後，甚少流傳，至盧熊校補，予以版行，始重見於世，明弘治間曾翻雕，然亦未廣傳，至毛氏刻本出，此書方大行。然毛刻亦多舛誤，如目錄共列二百二十六條，已較原書衍一條；卷六石湖、丁令威宅、周朝宗、蘇之繁雄冠於浙右、朱光祿、翟超、正訛、叔父記館中語八條闕；盧跋所云明之子昱所敘行實，亦未載之，則毛本

實未可稱完帙。且卷內譌字甚多，《五十萬卷樓藏書目》載何義門、馮雲伯校毛本，云改正多達一百三十餘處，則此刻實未可稱善本。

此書現所見者皆六卷本，墨海金壺本與《知不足齋叢書》本所闕與毛本同，殆即從毛本出，《粵雅堂叢書》本則丁令威宅、翟超、正訛三條不闕。又清洪頤煊《讀書叢錄》卷二十四內載有元刊黑口本，末有盧雄跋，不知是否真為元刻本，或即董康誦芬室所據以覆刻者，然亦卷六石湖以下八條有目無書，則此八條之闕，由來已久。

汲古此刻，現中圖藏有一部，內有朱黃二色筆改訂譌字多處，並有毛扆、黃丕烈、鄧邦述等人手書題識，毛扆並由菉竹堂藏舊抄本，錄翟超一條附於末。全書有群碧廔、正闇手校等印記。又《武進陶氏汲古書目》云毛刻內有嘉靖四十三年朱日藩跋，此本則未見，各書志亦未言及，不詳陶氏所據。

第三章　子　部

第一節　儒家類

《孔氏家語》十卷

魏王肅注，肅字子雍。

明天啓七年汲古閣刊本。

板匡高十七、八公分，寬十三、四公分。每半葉九行，行十七字，小註雙行，行二十三至二十五字不等，左右雙欄。版心白口，無魚尾，中題「家語幾」，惟每卷首、尾兩葉改題「汲古閣」與「毛氏正本」，下刻葉數。首冠王肅序，次目次，末有王肅後序，並附崇禎十二年毛氏補跋及正德三年何孟春序。

漢志著錄此書二十七卷，師古注曰：「非今所有《家語》」。蓋今本《家語》乃子雍偽撰，並略綴以注而成，非漢代之舊也！《隋志》、《新、舊唐志》、《崇文總目》、《晁志》、《陳錄》、《通考》、《宋志》及《四庫總目》俱載之，惟《隋志》作二十一卷，餘皆十卷，則現所見之十卷四十四篇本，乃唐以後所併。書末毛氏跋曰：

> ……是書之亡久矣，一亡于勝國王氏，其病在割裂；一亡于包山陸氏，其病在倒顛……丁卯秋（天啓七年），吳興賈人持一編至，乃北宋板王肅注本子，大書深刻，與今本迥異，惜二卷十六葉以前皆已蠹蝕……已卯（崇禎十二年）春，從錫山酒家復覯一函，冠冕歸然，亦宋刻王氏注也，所逸者僅末二卷……急倩能書者，一補其首，一補其尾，二冊儼然雙璧矣……凡架上王氏、陸氏本，俱可覆諸醬瓿矣！即何氏所註，亦是暗中摸索，疵病甚多……但其一序亦可參考，因綴疏於跋下。

觀此跋所言，意似毛氏於崇禎十二年據已補全之宋本而刊刻此書，然毛氏此刻，實是毛氏於天啓七年據先得之宋本，並由當時坊本湊成二卷十六葉以前而梓者。《邵亭知見傳本書目》卷七即言毛刻本曰：

> 二卷十六葉以上毛本僞脫殊甚，注文闕漏尤夥，與宋本迥異（按此宋本指毛氏先得於吳興賈人，後又據酒家本補全之本），十七葉以下諸卷，則與宋本悉合，蓋毛氏刊是書時，尚未得酒家本，故但據家藏殘帙，其所缺者，以別本湊合付梓耳！

《葉志》及《瞿目》內，亦載有毛本二卷十六葉以前乃據通行本，故訛誤甚多，後得酒家本已不及追改之事。則毛氏此刻，實非全據宋本，而卷宋之跋，乃後來所附加。

又現行世之《中國子學名著集成》內收有此書明覆宋刊本，內有「東坡居士」折角玉印，是即《汲古閣珍藏秘本書目》內所載、毛氏天啓七年所得而後補全之宋本而經明代覆刊者。其書末附有毛氏手跋，署年月爲「崇禎丙子（九年）重九」，其跋曰：

> 今年秋南部應試而旋，汲泉於惠山之下，偶登酒家蔣氏樓頭，見殘書三冊，亦大字宋槧王注，恰是前半部，驚喜購歸，倩善書者用宣紙補抄，遂無遺憾⋯⋯。

據此，毛氏得酒家本應是崇禎九年之事，後毛氏補刻跋文於其刊本之時，誤署丙子爲己卯。且毛氏兩處跋文，皆但云補抄，未云刊刻，亦明毛氏得酒家本時，其刻本梓行已久。

又《汲古閣珍藏秘本書目》內北宋版《孔氏家語》條下，有毛扆註曰：

> 有東坡居士折角玉印，係蜀本大字，舊爲東坡所藏。南宋本作良藥苦口利於病，此本作藥酒苦口利於病。及讀鹽鐵論，亦作藥酒苦口利於病，方知北宋本之善。

按今考其本，避諱缺筆至孝宗，則其本應爲南宋本，而「東坡居士」折角玉印亦爲僞。其註內所云宋本作藥酒者，毛刻本內仍作良藥，則毛氏於家藏宋本，全不依據，《葉志》即斥毛氏此刻曰「不通假借，妄改舊文，段落既非原書（按指宋本），注文尤多刪易，假使宋本不再見於世，僅憑毛刻一跋，幾不信其書如此之變亂舊文。昔人謂明人刻一書而書亡，其不如毛晉者，正復何限」云云。則毛氏此刻雖是據宋本而梓，然刊刻草率，且二卷十六葉以前乃以坊刻本湊成，實未可稱善。

此書歷來刊刻者頗多，汲古刻本則僅中圖藏有一部。

第二節　醫家類

《神農本艸經疏》三十卷

明繆希雍撰，希雍字仲醇，或作仲淳。

明天啓五年綠君亭刊本。

板匡高二十、七公分，寬十三、四公分。無行界，每半葉八行，行十八字。四週單欄，板心白口，無魚尾，上端刻書名及卷次，下端刻「綠君亭」三字及葉數。

首冠天啓五年繆希雍題辭〔註1〕，次繆氏自序、天啓五年顧澄先撰凡例，再次有總目及每卷目次。首卷分二行題「東吳繆希雍仲淳甫著，同邑門人李枝參訂」，餘卷不再重署。

此書《續通考》及《四庫總目》著錄。按毛氏早年刻書，曾以綠君亭名之，惟不多見，此即其一。又毛氏畢生所刻書多係宋元以前著作，類此明人之作，較為罕見。

此刻乃毛氏乞其舅祖繆氏之書，與李枝、康元浤、顧澄先及其舅氏隱淪、戈汕等校讎而梓。

《四庫總目》云其書次第乃據宋《大觀證類本艸》〔註2〕，而移正部份混雜者耳！《鄭堂讀書記》言毛刻有朱、墨字之分，今則未見。其刻中圖及故宮均有收藏。

第三節　天文算法類

《重刻曆體略》三卷

明王英明撰，英明字元晦。

清順治丙戌（三年）汲古閣刊本。

板匡高十八、三公分，寬十二、五公分。無行界，每半葉九行，行大、小字皆二十一。版心花口，無魚尾，上象鼻題書名，中書卷次，下書葉數。扉頁內題書名及「汲古閣繡梓」，首卷前有題名：「王英明撰、翁漢麐補圖、王日俞參定、錢明印補註、毛鳳苞訂正」。

首冠趙士春、王日俞、翁漢麐、錢明印、萬曆四十年王英明、崇禎十二年屠象美及英明子懷七序。次目次，次附圖。

〔註1〕此題辭為繆氏撰，而由姚凝之代書以入版，《鄭堂讀書記》則誤為姚氏撰。
〔註2〕宋唐慎微撰《證類本艸》三十卷，《晁志》題曰大觀本艸。

此書《續通考》及《四庫總目》著錄。按是書成於萬曆四十年，至崇禎十二年，其子懷初梓之。順治三年，懷官江南督糧道時，又以原本付毛氏重刊，故名之曰重刻。《四庫總目》云此重刻本已經翁漢麐重訂，而非英明原書之舊。

此刻傳本甚罕，顧湘及武進陶氏《汲古閣刻書目》內均不載，現中圖藏有一部。

第四節　雜家類

（一）雜說之屬

《蘇米志林》三卷

明毛晉編。

明天啓元年綠君亭刊本。

版匡高二十、五公分，寬十四、三公分。無行界，每半葉寫成八行，行十八字。四週單欄，版心白口，無魚尾，上刻「子瞻」或「元章」，下刻「綠君亭」三字及葉數。書首皆有章次，每卷次行題「明東吳毛鳳苞子晉輯」。首冠天啓五年魏浣初序，末皆有毛氏跋。

此書乃毛晉輯《東坡志林》二卷及米元章志林一卷而成。按《東坡志林》《陳錄》作《東坡手澤》三卷，云是「今俗本大全集中所謂志林者也」，《通考》因之；清宋定國、謝星纏編《國史經籍志補》，則著錄《東坡志林》十卷，《四庫總目》所載則五卷。米元章志林、明志及《國史經籍志補》著錄者皆范明泰所編十三卷本，《四庫總目》則據范氏本再加米芾著作三種而著錄十六卷。載毛晉此編者僅《續通考》，《四庫總目》則入之傳記類存目。

按《東坡志林》所載，全為璸言小錄，乃雜取東坡集外記事跋尾之類，摭拾成書，與東坡全集中之志林十三篇大異其趣。其書初亦不知何人所輯，歷來卷帙分合各異，且內容皆率意增刪，實無定本。毛氏此編，卷上收百七則，乃萬曆四十七年輯本集不載而成；卷下百二十則，則是後又簡題跋而得者。按《丁志》及《瞿目》內載萬曆二十三年趙開美刊五卷本，並云毛本即從趙本出。今考其書，其二百四則，與毛本互有出入，則毛氏已據己意增減。現學津本《東坡志林》五卷，即從趙本出。《百川學海》所收之一卷，即是學津本之卷五。《稗海》收十二卷，則較他刻為多。又《說郛》內收十五條，云所據為三卷本，現傳世者無三卷本，未知其詳。

米元章志林一卷，則是毛氏輯《稗官野史》或法書名畫間所見之海岳遺文遺事，

於天啓元年秋和《東坡志林》而梓者。其時范明泰編有《米元章志林》、郭肩吾編有《蘇米譚史》，毛氏此編，皆未及之。又《汲古閣珍藏秘本書目》內載有宋版《東坡志林》，毛氏未據而梓，殆得宋本於後。

此刻現中圖藏有一部，闕魏序。

（二）雜編之屬

《津逮秘書》十五集一百四十五種七百四十六卷

明毛晉緝。

明末崇禎間刊本。

版匡高十九、三公分，寬十四、五公分，每種書行、字數不一，然多八行十九字或九行十九字。若爲汲古閣刻板者，多左右雙欄，版心花口，無魚尾，上象鼻題書名，中刻卷次及葉數，下象鼻刻「汲古閣」一二字。若爲胡震亨《秘冊彙函》舊版，則版心處作白口，單魚尾下題書名卷次及葉數，而無汲古閣表記。每集前皆有扉頁，題《津逮秘書》、「汲古閣藏板」及該集書目。全編首冠以胡震亨序、小引及崇禎三年毛晉序。又第一集前有崇禎十一年陳函輝總序，第二集前有同年蕭士瑋總序，則爲其他各集所無。

毛氏自序略曰「塩官胡孝轅氏以《秘冊》二十餘函相屬，惜半燼於火，予爲之補亡，併予舊刻，不啻百有餘種」云云；胡震亨序亦曰「毛晉所鐫諸稗官小說家言，不啻數百十種，購者零雜難舉，欲統爲一函。而余嚮所與亡友沈汝納氏（按即沈士龍）刻諸雜書，未竟而殘於火者近六，歸之君，因併合之，名《津逮秘書》以行」云云。按胡震亨原欲將其所藏古籍彙刻成《秘冊彙函》，然未成即燼於火，遂將燼餘歸毛氏，現《津逮秘書》內有十餘種書板式仍用宋元舊式者，即胡震亨《秘冊彙函》之餘。

此編分十五集，共一百四十七種，其中第六集內《金石錄》、《墨池編》兩種有目無書，故實一百四十五種〔註3〕。此一巨帙，與十三經、十七史及《宋六十名家詞》，實毛氏一生刻書之代表作，尤以此編，非但經、史、子、集各部皆有網羅，且所取多宋、元以前舊帙，故更爲可觀。《四庫總目》入此編於存目，而論之曰：

> 晉家富藏書，又所與游者多博雅之士，故較他家叢書去取頗有條理。

〔註3〕《四庫總目》云全編百三十七部，乃是將有正、續集之類者併計爲一部之故，非卷帙有異也。又《四庫總目》及《鄭堂讀書記》均有《石林燕語十卷、考異一卷》入此編，今則未見，各書目亦未載，殆爲誤題也。

然又續論之曰：

> 所收近時偽本如《詩傳》、《詩說》、《歲華紀麗》、《瑯嬛記》、《漢雜事秘辛》
> 之類，尚有數種；又《經典釋文》割裂《周易》一卷，尤不可解；其題跋
> 二十家，皆鈔撮於全集之中，亦屬無謂。

按提要此言，似非確論。蓋明時此諸書尚未知為偽，毛氏以其為宋元以前舊帙而收之，實不可稱過；且《歲華紀麗》及《漢雜事秘辛》二書，實胡震亨所遺毛氏《秘冊彙函》之舊帙，《瑯嬛記》亦為《秘冊彙函》舊有，此咎實非屬子晉一人。提要又言毛氏割裂《經典釋文》，而成《周易釋文》一卷為不可抑解。按《宋志》及《陳錄》均著錄陸氏《周易釋文》一卷，則其書別行，由來已久，並非毛氏割裂之。且此編第二集所收皆易書，毛氏取陸氏《周易釋文》一卷入該集，亦屬恰當，非不可解！至提要言毛氏於諸全集中鈔撮出題跋二十家為無謂，則又未必，蓋各題跋散見諸全集中，尋訪非易，今毛氏彙於一處，實有其蒐輯之功，方便後來學子多矣！現廣文書局即據之影印以行世，即是毛氏蒐輯有功之明證。

此編所收範圍極廣，多有當世流傳甚罕之書，賴此編方得以廣傳，如《女孝經》、《古畫品錄》、《續畫品錄》、《圖繪寶鑑》、《誠齋雜記》、《紹興內府古器評》等皆是，故毛氏此編，堪稱有保存文獻之功，後世之刻叢書者，亦多有取此編之書而加以重刻，亦見其影響之大。且毛氏刻此編，多據宋元善本，雖有校勘未精之通弊，然大體而論，仍不失為汲古閣諸書中之善本。

其本中圖藏有一部，猶是初印本，甚為可貴；美國葛斯德東方圖書館亦藏有一部，然已是康熙間印本。現藝文印書館所行《百部叢書》中收有此編，新興書局亦有出版。現將此編各書，著錄於下：

第一集八種：

《子夏詩序辨說》一卷

宋朱熹撰，熹字元晦，一字仲晦。卷末附有石林葉氏、東萊呂氏、鄱陽馬氏及陳氏四人之論說，並有毛氏跋。按毛氏仍沿舊題，以詩序為子夏所撰，實詩序為毛萇以前經師所傳，以下續申之詞則毛萇以下弟子所附。此書現可得之刻本，僅有此刻。

《毛詩草本鳥獸蟲魚疏廣要》四卷

吳陸璣撰，明毛晉注。璣字元恪，此刻誤題璣為唐人。卷首冠崇禎十二年毛氏序，卷末又有毛氏跋。陸氏書歷來書志均作二卷，毛氏乃將此書每卷再分上、下，

故成四卷。按《津逮》所收皆宋元以前舊帙，惟此刻乃毛氏自編。

《詩傳孔氏傳》一卷

舊本皆題端木賜子貢撰，然實明豐坊所偽。坊字存禮，後改名道生。卷末有毛氏跋，云此刻乃據明郭子章刻本而梓。至又言曾見宋搨石碑等語，實爲繆妄。

《詩考》一卷

宋王應麟撰，應麟字伯厚。卷首冠王氏題識，末再有王氏跋。此書歷來卷帙分合不一，有一卷、五卷、六卷之別。此刻末又附「詩異字異義」、「逸詩」、「補遺」，篇章次第悉同《玉海》本。

《詩說》一卷

舊本題漢申培撰，實亦明豐坊偽作。卷首附申培本傳。

《詩地理考》六卷

宋王應麟撰。首有王氏自序及總說。此書《宋志》著錄五卷，或有誤。此刻篇章次第亦與《玉海》本同。

《詩外傳》十卷

漢韓嬰撰。首有韓嬰本傳，末有洪邁及毛晉跋。按《漢志》著錄《韓內傳》四卷、《外傳》六卷，《隋志》以下則已無《內傳》，而《外傳》變爲十卷。按《陳錄》即疑十卷本非韓氏舊帙，《四庫總目》則云十卷乃後人所分。近人楊遇夫撰《韓詩外傳疏證》，分別其書首四卷爲《內傳》，後六卷爲《外傳》，似較可信，惟《文選》注引此書有今本不載者，毛氏跋內亦言有佛典引此書而今本俱無，則此書已有脫文逸簡。歷來刻此書者頗多，明有通津艸堂本、野竹齋刻本、《漢魏叢書》本，及《津逮》本，清有趙懷玉、周廷寀刻本等。《葉志》言通津艸堂本爲諸刻祖本，毛氏《津逮》本乃繼之重刻者。然毛氏跋曰：「余家藏宋刻，與《容齋隨筆》相符，因錄其跋語於前」云云。按洪氏所跋，云是慶曆中李用章命工刊於杭州之本，今《汲古珍藏秘本書目》內無此宋刻，各書志亦不載，且毛跋但云錄洪跋而未云據宋本而梓。而此刻與通津艸堂本篇章次第又合，或果如《葉志》所言！《邵亭知見書目》云此書「以趙校本最佳、周本亦可」，按趙本附有補遺，周本附有補逸及拾遺，毛本實不逮。

《爾雅註》三卷

宋鄭樵撰，樵字漁仲。卷首冠鄭氏自序，卷末則有鄭氏後序及毛氏跋。歷來註《爾雅》者，以郭璞、鄭樵二家最顯，郭書多有刻本，鄭書刻本則較罕見，毛氏此刻，甚可寶也。毛氏跋曰：「余家向藏抄本，病未精確，客秋從錫山購得殘編數簏，獨斯帙完好，實南宋善版，狂喜竟日，亟授梓人。」則此刻乃據南宋版而梓。《四庫

總目》云毛本內多脫誤，然毛跋已云其脫誤處宋本已然，非毛氏之過。

第二集十種：

《京氏易傳》三卷

漢京房撰，吳陸績注。房本姓李，吹律自定爲京氏，字君明；績字公紀。卷末有晁公武及毛氏跋。按《晁志》內將京氏《積算易傳》三卷與《雜占條例法》一卷併稱《京房易傳》四卷，至《陳錄》始分別著錄《京房易傳》三卷及《積算雜占條例》一卷。明以後，《雜占條例》亡佚，僅存《易傳》三卷行世。

此刻卷末有晁氏跋，較《晁志》內所載爲詳，不知何據。《葉志》言此刻乃據《范氏二十一種奇書》本重梓，由無他本可參校云云。今考此刻，與范氏本悉合，則《葉志》所言應無誤。

《經典釋文》一卷

唐陸德明撰，德明本名元朗，以字行。此刻題《經典釋文》，實僅釋文內易釋文一卷。按《宋志》及《陳錄》均載陸氏《周易釋文》一卷，則此卷別行，由來已久。

《關氏易傳》一卷

舊本題北魏關朗子明撰，唐趙蕤大賓註，然此書實宋阮逸所僞，《四庫總目》已詳論之。卷首冠題語，題趙蕤撰，次附關朗傳。《葉志》云此刻仍據《范氏二十一種奇書》本所梓，然《汲古閣珍藏秘本書目》內有此書舊抄本、精抄本各一，未知是否爲此刻所據。

《周易集解略例》一卷

晉王弼撰，唐邢璹註，弼字輔嗣，璹字不詳。此書北監本十三經附於《周易註疏》之末，毛氏則取而別行。按《葉志》云此刻仍據范氏本重刊，惟范氏本及《漢魏叢書》本均有邢璹序，此刻則刪去。

《蘇氏易傳》九卷

宋蘇軾撰，軾字子瞻，號東坡居士。卷末有毛氏跋。按此書又名《毗陵易傳》，乃蘇軾父子三人合撰，而總題爲東坡撰。歷來有九卷、十卷、十一卷之異，乃卷帙分合之故也。按此書首刻於明萬曆二十五年畢氏，焦竑序之，後烏程閔氏朱墨刻本及毛氏此刻，皆從萬曆本出，惟毛本訛誤最多，未及其他二刻之善。其訛誤之處，可參《學津討源》本張海鵬跋。

《元包經傳》五卷，附《元包數總義》二卷

北周衛元嵩撰，唐蘇源明傳、李江注，宋韋漢卿釋音（按此刻漏題漢卿之名）；

宋張行成撰總義。元嵩及李江字不詳，源明初名預，字弱夫，行成字文饒、一作子饒。經傳前有李江、政和元年楊楫二序，末有紹興三十一年張洸跋；總義前則有紹興三十年張行成序。《元包經傳》、《宋志》著錄十卷，乃卷帙分合之故。其與總義合刻，由來已久，蓋張洸跋已言兩書合爲一編。

《焦氏易林》四卷

題漢焦延壽撰。余嘉錫《四庫辨證》考爲王莽時崔篆所撰，篆字延壽。首冠唐王俞、黃伯思二序，序後錄有雜識三則，再次有紀驗二則。按此書各史志所載皆十六卷本，與此刻之異，僅在卷帙之分合。《葉志》云此刻與《漢魏叢書》本、嘉靖四年姜思刻《兵占焦氏易林》本、萬曆三十一年周日校刻辨疑館本之謬誤處悉同，蓋皆出於成化九年彭華所傳之閣本云云。按今《葉志》所謂之閣本不得見，未知其詳。然由毛刻僅四卷，異於通行之十六卷本之次第，則毛氏必是據明板而梓，蓋明以前未見有四卷本。

《周易舉正》三卷

唐郭京撰，京字號不詳。書首冠郭京自序。《四庫總目》因此書首載於《崇文總目》，而疑爲宋人所僞作。按郭序言其書以朱、墨分書，今所見本則皆墨書。其自序內文云正謬處凡百三節。惟《晁志》、《陳錄》均作百三十五條。按此刻所收止一百三條，《四庫總目》亦因《容齋隨筆》及趙汝楳《易序叢書》皆作一百三條，而斷《晁志》疏舛。其書《學津討源》及《范氏奇書二十一種》均收之，而以范本最佳，《葉志》云毛本乃從范本出。

《周易集解》十七卷

唐李鼎祚撰，鼎祚字號未詳。書首有李鼎祚及嘉靖三十六年朱睦　二序。此書《新唐志》著錄十七卷，《崇文總目》、《晁志》、《陳錄》、《通考》、《宋志》及《國史經籍志》俱作十卷，《四庫總目》則據毛本著錄十七卷。此刻首李序曰：

> ……經注文言，書之不盡，別撰〈索隱〉……其王氏〈略例〉，得失相參……
>
> 仍附在末，式廣未聞，凡成一十八卷，以貽同好……。

按據此序，則其書原應合〈索隱〉、略例及集解，共成十八卷，然此刻集解十七卷，若合略例一卷（按《津逮本》已別行於前），即已十八卷，〈索隱〉遂不知所終。今考《秘冊彙函》本及《經義考》引李燾之言，則李序原作「凡成一十卷」，《四庫總目》遂論斷其書原〈集解〉十卷、〈索隱〉六卷、〈略例〉一卷，故《唐志》作十七卷，宋以後〈索隱〉逸，〈略例〉別行，僅餘十卷，而毛氏爲合《唐志》所載，遂擅自析〈集解〉爲十七卷，又爲合附〈略例〉一卷之言，而改李序內之十卷爲十

八卷。按此刻首附嘉靖三十六年朱睦　序，今取中圖所藏朱氏聚樂堂刊本以校毛本，則朱本除多略例一卷外，餘悉同毛本，則擅改李序，又析〈集解〉為十七卷者乃朱氏，毛氏未擇善本而因其謬。《四庫總目》不察，而以此擅改之咎歸毛氏，不知毛本乃據朱本重梓。現《雅雨堂叢書》內收有此書，乃據宋慶曆本校刻，《學津討源》本則以雅雨堂本校刻《津逮本》，而兼有兩本之長，為此書現行較佳之本。又《汲古閣珍藏秘本書目》內載有此書影鈔宋本，未題卷數，毛氏不知何故未據以重梓。

《麻衣道者正易心法》一卷

此刻題希夷先生受并消息，希夷先生即宋陳摶。其書或題麻衣道者撰，或曰戴師愈撰，未詳其真。首冠淳熙六年程準序，卷末有崇寧三年李潛後序及乾道元年戴師愈跋。按《汲古閣珍藏秘本書目》內有此書舊抄本，不知此刻是否即從其重刊，現《范氏二十一種奇書》及《藝海珠塵》內皆收此書，然未及毛本精審，《學津》本即從毛本出。

第三集六種：

《通鑑地理通釋》十四卷

宋王應麟撰。首冠上章執徐歲橘壯之月（按即元至元十七年八月）王應麟序，卷末復有王氏題語。按中圖現藏有元慶元路儒學刊本，其刻首目次，次王序，與毛本先王序後目次之次第相反，餘篇章次第悉合。《儀顧堂續跋》言毛本及《學津》本均從此元刻出，當係確論。

《齊民要術》十卷

後魏賈思勰撰，思勰字不詳。此刻乃《秘冊彙函》舊本，首冠賈氏自序，次雜說五則；書末有紹興十四年葛祐之、嘉靖三年王廷相及未署年月沈士龍、胡震亨四跋。

《通鑑問疑》一卷

宋劉羲仲撰，羲仲字壯輿。首冠其自序，末有其題語。按《宋志》題此書為劉恕撰，蓋壯輿纂集其父恕與司馬溫公往復相難者作此書！

《急就篇》四卷、附《正文》一卷

漢史游撰，唐顏師古注，宋王應麟音釋。首冠師古序。按師古序曰注此書三十二章，然此刻內實收三十四章，蓋師古注此書原為一卷，較皇象碑多六十三字，少齊國、山陽兩章。後王應麟釐師古注為四卷，並標定「真定常山」至「高邑」為師

古所闕之二章！故今本四卷三十四章。

《小學紺珠》十卷

宋王應麟撰。首有大德四年方回、五年牟應龍及未署年月王應麟三序。此書歷來傳本甚罕，此刻當是從《玉海》附刊本出。

《漢制考》四卷

宋王應麟撰，首冠辛巳年（至元十八年）王氏自序。按此刻當仍出於《玉海》附刊本，後《學津》本即從此刻出。

第四集十六種：

《佛說四十二章經》一卷

漢釋迦葉摩騰、竺法蘭同譯，宋釋守遂注。

《胎息經》一卷

幻眞先生註，未詳其人始末。按《通志》載《胎息》三十部，內有《元君胎息經》一卷，未知即此書否。

《丸經》二卷

元不著撰人。首冠至元十九年撰者自序。

《道德指歸論》六卷

漢嚴遵撰，遵字君平。此刻乃以《秘冊彙函》舊版重印者。首冠谷神子、劉鳳、沈士龍、胡震亨四序。

《風后握奇經》一卷

舊題風后撰。漢公孫弘解、晉馬隆述讚。書末有高似孫題語。

《通占大象曆星經》二卷

舊本題漢甘公石申撰。此刻不著撰人，《四庫總目》入之存日，亦不著撰人。此刻首葉次行題「原缺文一張」，然不知其所據。

《葬經》一卷附《內篇》一卷，《葬經翼》一卷附《難解》一卷、《圖》一卷

《葬經》漢青鳥先生撰，金丞相兀欽仄注。首有兀欽仄題語。《內篇》晉郭璞撰，璞字景純。《葬經翼》明繆希雍撰，希雍字仲淳。按此刻題綠君亭刊，蓋爲早年毛氏刊本，後收入《津逮秘書》內。首有丁元薦序。

《耒耜經》一卷

唐陸龜蒙撰，龜蒙字魯望。前冠其自序。

《忠經》一卷

此刻題漢馬融季長撰，鄭玄康成注。然此書實唐海鵬撰，前代刻書者僞題馬融及鄭玄之名，毛氏未察而因之。

《周髀算經》二卷、《音義》一卷，附《數術記遺》一卷。

漢趙嬰注，北周甄鸞重述、唐李淳風等注；宋李籍《音義》；《記遺》則漢徐岳撰、北周甄鸞注。此本爲《秘冊彙函》舊版，有趙嬰君卿、嘉定六年鮑澣之、沈士龍、胡震亨四序，卷末有毛氏跋。

《五木經》一卷

唐李曼撰、元革注，曼字習之，革則字號不詳。按《陳錄》載此書尚有《圖例》，然今本皆未見，不知何時逸去。

《黃帝宅經》二卷

舊題黃帝撰。

《古文參同契集解》三卷附《箋註集解》三卷、《三相類集解》二卷

《參同契》題東漢會稽眞人魏伯陽著，《箋註集解》題東漢徐景休著、元林屋山人全陽子俞琰註，《三相類集解》題東漢淳于叔通補遺。三者皆題明復陽子蔣一彪輯。首冠嘉靖二十五年楊愼、萬曆四十二年蔣一彪二序；《參同契》卷末則有魏伯陽後序。

《女孝經》一卷

唐陳邈妻鄭氏撰。首冠鄭氏〈進書表〉。

《黃帝授三子玄女經》一卷

不著撰人。

《墨經》一卷

此刻僅題撰者爲晁氏。《四庫總目》以何薳《春渚紀聞》所載考之，知爲宋晁貫之所撰。貫之字季一。

第五集十一種：

《全唐詩話》六卷

此刻題宋尤袤撰，袤字延之。首冠咸淳七年袤自序，卷末有毛氏跋。按此書乃賈似道假手廖瑩中，瑩中又剽竊計有功《唐詩紀事》而撰，《四庫總目》已詳論之。

《紫薇詩話》一卷

宋呂本中撰，本中字居仁，學者稱東萊先生。卷末有毛氏跋。按此書《百川學

海》本載八十九條，此刻則脫「從叔大有少時云」一條。

《六一詩話》一卷

宋歐陽修撰，修字永叔。卷末有毛氏跋。

《石林詩話》一卷

宋葉夢得撰，夢得字少蘊，號石林。卷末有毛氏跋。按《陳錄》載此書四卷，《通考》作二卷，《四庫總目》載一卷，今傳《百川學海》本則分作三卷。毛跋云其從吳興賈人購得此書，腐蝕幾半，亟為之補遺正譌云云。則今之傳本似非全帙，惟不知毛氏所得為何本。又《葉志》載明刊黑口本，云毛本即從此出，未知確然否。

《滄浪詩話》一卷

宋嚴羽撰，羽字儀卿。末有毛氏跋。按北平館藏有明正德刻本，疑即毛本所從出。

《中山詩話》一卷

宋劉攽撰，攽字貢父，故此書或稱《貢父詩話》。末有毛跋。按《晁志》、《通考》載三卷，《陳錄》、《宋志》及《四庫總目》載一卷，殆卷帙分合之故。《百川學海》本亦一卷，毛本即從之翻刻。

《後山詩話》一卷

宋陳師道撰，師道字無己，一字履常。卷末有毛跋。按此書《晁志》、《陳錄》、《通考》俱作二卷，《百川學海》本及《四庫總目》著錄一卷，蓋為後人所併。按此書實後人託師道之名而偽，《四庫總目》已詳論之。

《竹坡詩話》一卷

宋周紫芝撰，紫芝字少隱，號竹坡。卷末有毛氏跋。按《宋志》及《四庫總目》著錄此書一卷，《百川學海》本則分三卷。《四庫總目》疑此本有闕。

《彥周詩話》一卷

宋許顗撰，顗字彥周。卷首有彥周序，卷末有毛氏跋。

《二老堂詩話》一卷

宋周必大撰，必大字子充。卷末有毛氏跋。按此書原二卷，凡四十六條，載其《平園集》中，舊無別行，毛氏始錄出而併為一卷。

《續詩話》一卷

宋司馬光撰，光字君實。書前有小引，言其書乃續《六一詩話》者，故名。卷末有毛氏跋。按此書又名《文正公詩話》、《司馬溫公詩話》。毛跋曰：「偶閱《學

海》，得《續詩話》若干則」云云。則此刻似從《百川學海》本出，惟今傳《百川學海》未收此書。

第六集四種：

《法書要錄》十卷

唐張彥遠撰，彥遠字愛賓。首冠張氏自序，末附張氏本傳及毛氏跋。

《宣和書譜》二十卷

宋不著撰人。此書《四庫總目》著錄，餘各書志均不載。陳宗彝《廉石居藏書記》曰此書之刻以嘉靖十九年楊慎序刻本最古。或即此本之所從出。

《東觀餘論》二卷、《附錄》一卷

宋黃伯思撰，伯思字長睿，號霄賓，又自號雲林子。首冠大觀二年黃伯思序，卷末有政和四年王玠、五年許翰、紹興十三年及十七年伯思子訥二跋、嘉定□（按闕文）年樓鑰及無年月毛晉跋，共六篇。按此書乃訥集其父所撰法帖刊誤、秘閣古器說及論辨題跋而成，惟訥跋曰此書十卷，今本則皆二卷，或爲後代合併。

《廣川書跋》十卷

宋董逌撰，逌字彥遠。首冠紹興十七年逌子弅序，末有毛氏跋。按弅序言其裒集其父所撰者，爲《書跋》十卷、《畫跋》六卷，繕寫藏諸家廟云云，則此書其實未有刻本。今考此書，至《國史經籍志》始載之，則現中圖所藏之王元貞刻《畫苑》本，似應是此書最早之刻。《汲古閣珍藏秘本書目》內有此書舊抄本，或即毛刻所據。《葉志》曾以明錫山秦氏雁里艸堂抄本校毛刻，云毛刻訛誤甚多，勘刻未精。

第七集十種：

《圖畫見聞誌》六卷

宋郭若虛撰，若虛字號未詳。首冠郭氏自序，末有毛氏跋。

《圖繪寶鑑》六卷、《補遺》一卷

元夏文彥撰五卷並補遺，明韓昂續纂。文彥字士良，昂字孟畡。首冠楊維禎、至正二十五年夏文彥、無年月滕霄三序：末有杭州僧宗林、正德十四年韓昂二跋。按《元志》、倪氏等《補元志》、《續通考》及《四庫總目》所載，均《圖繪寶鑑》五卷、《補遺》一卷。今此刻作六卷，蓋乃將韓昂續纂者題爲第六卷，故較前所著錄者多一卷。雖明代諸刻本皆題六卷、《補遺》一卷，然皆是將卷六置於補遺一卷之末，如明正德間刊本、苗增刊本等皆是，此尚足以明原書與續纂之次第。惟毛氏刻本，將原書所有之補遺，置於卷六之末，實己紊亂原書面目。今取正德本校毛本，則除

毛氏變異次第外，卷六更少「高松」、「張平山」兩條，是勘刻未精而有闕漏也！按
此書後代陸續又有增益，如《四庫總目》載其著錄之本有文彭、陸治等嘉靖時人，
則為明代諸刻所無；中圖所藏清抄本，則更益本朝一卷、女史一卷，而成八卷本。

《歷代名畫記》十卷

　　唐張彥遠撰。卷末有毛氏跋。

《古畫品錄》一卷

　　南齊謝赫撰，赫字號未詳，《通志》作後魏人，並與《宋志》皆題此書為《古今
畫品》。首冠謝氏自序。

《續畫品》一卷

　　陳姚最撰，最字號未詳。首冠自序。按此書乃採謝赫所遺以及梁朝凡二十人而
成，故名《續畫品》。

《續畫品錄》一卷

　　唐李嗣真撰，嗣真字未詳。首冠自序，卷末有題語，然未署撰者。按此書仍因
謝赫所遺而撰。

《後畫錄》一卷

　　唐沙門彥悰撰。首冠自序。按此書乃續姚最之書而作。

《畫繼》十卷

　　宋鄧椿撰，椿字公壽。首冠乾道三年椿自序，末有毛跋。按此書乃上繼《歷代
名畫記》，下銜《圖畫見聞誌》而作。

《宣和畫譜》二十卷

　　不著撰人名氏。首冠宣和二年序，末有毛跋。《四庫總目》著錄。此書作者自來
言者紛歧，或謂蔡絛撰，或謂胡煥作，或謂乃米芾、蔡京奉勅纂定。然夷考其實，
應是臣工奉勅修纂而經徽宗筆削點定，或應謂為御製為是。

《畫史》一卷

　　宋米芾撰，芾字元章。首冠自序。按《晁志》、《通考》併其《書史》而稱《書
畫史》二卷，或曾合梓。

第八集十二種：

《詩品》三卷

　　梁鍾嶸撰，嶸字仲偉。首冠自序，末有毛氏跋。

《益部方物略記》一卷

　　宋宋祁撰，祁字子京。首冠自序，末有胡震亨跋。按此刻乃《秘冊彙函》舊本。

《詩品二十四則》一卷

　　唐司空圖撰，圖字表聖。卷末有毛氏跋。按此書《宋志》以前均未著錄，《四庫總目》始載之爲《詩品》一卷。

《捫蝨新話》十五卷

　　宋陳善撰，善字敬甫，號秋塘，此書《宋志》著錄八卷，《四庫總目》雜家類存目載十五卷。按錢曾《讀書敏求記》云其家藏有此書二本，一爲宋鈔本，不分卷，末有陳氏自跋；一爲影鈔宋刻本，分爲十五卷，脫陳跋。則此書自宋以來卷帙即有異。現傳世者，十五卷本僅有毛氏此刻，凡分四十八類。《汲古閣珍藏秘本書目》內載有此書舊抄本，未題卷數，不知是否即此刻所據。《寶顏堂秘笈》本則四卷，不分類，然內容同毛本，皆一百九十五條。《儒學警悟》本上集四卷、下集四卷，亦不分類，殆即《宋志》所載之本，所載凡二百條，亦有陳跋，較毛氏此刻爲全。

《風騷旨格》一卷

　　唐釋齊己撰。卷末有毛氏跋。按此書多附於齊己《白蓮集》之末，然《陳錄》著錄有此書，則其別行由來已久。卷末毛跋曰蒲田蔡氏所著《吟窻雜詠》內載有此書，惟眞膺相半，又脫落不堪讀。丙寅（天啓六年）從雲間了予內父選書中，簡得齊己《白蓮集》十卷，末載此卷，與蔡本迥異，遂梓之云云。據此，毛刻此卷乃從其全集中摘出別行，惟不知其所得爲何本。

《歲華紀麗》四卷

　　唐韓鄂撰，鄂字未詳。此刻乃《秘冊彙函》舊本。首冠一序，未署撰者名及年月，次有沈士龍及胡震亨兩題識。按《唐志》及《崇文總目》著錄此書二卷，《陳錄》則作七卷。其書久無傳本，且與《陳錄》所言不盡合，後人疑其爲胡震亨所僞，《四庫總目》已詳論之。

《芥隱筆記》一卷

　　宋龔頤正撰，頤正字養正，原名敦頤，因避宋光宗諱而改名。末有嘉泰元年劉董及崇禎三年毛晉跋。按毛氏跋曰於己巳（崇禎二年）春杪購宋刻數種，得快覩斯編云云。則毛氏此刻，乃據宋本而梓。

《玉蘂辨證》一卷

　　宋周必大撰，必大字子充。末有慶元二年、四年周必大及毛晉三跋。按此卷原載必大《平園集》中，毛氏摘出而別行。

《冷齋夜話》十卷

宋釋惠洪撰，惠洪一名德洪，字覺範。卷末有毛氏跋。此書衢州本《晁志》及《通考》作六卷，《宋志》著錄十三卷。按袁州本《晁志》、《陳錄》、《四庫總目》所載及現所見本皆十卷，則題六卷及十三卷者乃誤。《儀顧堂續跋》載此書元刊本，目次後有葉敦跋，陸氏曰：「觀目後之跋，似原本無標題，其標題乃元人所增，故荒謬如此……《學津》本出自《津逮》，《津逮》本似即從此本出，惟標題又有刪節，而其大謬處仍未改正」云云。按此刻所收共百六十條，每條皆有標題，其標題多有與本文不相應者，陸氏所論確然。

《桯史》十五卷、《附錄》一卷

宋岳珂撰，珂字肅之。末有毛跋。《直齋》著錄此書僅十五卷，至嘉靖間錢如京刊此書，始增益《附錄》一卷，毛氏此刻殆即因嘉靖本而刻。後《學津討源》據毛本翻刻，而刪去附錄中〈王公祠記〉一則。

《西溪叢語》二卷

宋姚寬撰，寬字令威。末有崇禎六年毛氏跋。按《儀顧堂題跋》載有明鵝鳴館刻本，言毛本即從之出。此書《稗海》亦收之，清嘉慶間黃廷鑑以毛本及《稗海》本讐校未精，中多訛誤，遂合二本而訂正之，《學津討源》遂據以刊入。

《泉志》十五卷

宋洪遵撰，遵字景仕。此刻乃《秘冊彙函》舊本。首冠紹興十九年洪遵、無年月胡震亨、萬曆三十一年徐象梅三序。

第九集十種：

《酉陽雜俎》二十卷、《續集》十卷

唐段成式撰，成式字柯古。正集前冠段氏自序，末有毛氏跋，皆無年月。續集末則有崇禎六年毛氏跋。此書《新唐志》及《崇文總目》載三十卷，不分正續，《晁志》、《陳錄》、《通考》及《四庫總目》則分載之。按正集前段氏自序，書凡三十篇，凡二十卷云云。毛氏此刻，總目列二十九篇，然卷內實三十篇，蓋卷四「禍兆」篇下實有「物革」一篇，總目偶闕。《四庫總目》據毛本著錄，云其闕一篇，實未詳考。

《五色線》二卷

宋不著撰人。末有未署年月無名氏一跋及崇禎二年毛氏跋。《宋志》及倪氏《宋志補》均著錄此書一卷。按顧氏及《武進陶氏汲古書目》均註此刻曰：「中卷未刻」。

今考中圖所藏弘治九年華陰刊本、北平館藏明刊黑口本，俱三卷，則毛氏此刻實闕一卷。按《丁志》載有此書舊鈔三卷本，載有毛扆題識，云其據弘治二年冀綺刊本抄中卷入其家刻中云云。惟此抄本今未見，《宋志》所載一卷本，亦不知與三卷本有無異同。又此刻卷末所附無名氏跋曰：「此書乃浩然翁邵文伯手鈔傳於鶴城所寓之怡雲軒，後於野亭先生處得此本，傳於伊氏奉遠樓讀書處借錄之，念念不忘，遂梓之」云云。惟此序所言之人均未詳，汲古此刻所據之本，亦不得而知。

《却掃編》三卷

宋徐度撰，度字敦立。首冠自序，末有毛氏跋。此書《陳錄》、《通考》及《宋志》著錄，惟《宋志》作十三卷，「十」字蓋為衍文。《汲古珍藏秘本書目》有此書舊抄本，或即此刻所據。

《誠齋雜記》二卷

元林坤撰，坤字載卿，號誠齋。首冠至元二十三年周達觀序，末有毛氏跋。此集倪氏《補元志》作十二卷、錢氏《補元志》作二十卷，蓋皆衍「十」字，《四庫總目》則入之存目。按此集未見元本，殆毛晉首刻之。

《劇談錄》二卷

唐康駢撰，駢字駕言。卷末有毛氏跋。此刻誤題駢為宋人，《新唐志》著錄此書三卷，又誤題駢為軿，《晁志》、《通考》、《宋志》皆作三卷，惟《崇文總目》作二卷，與今本合，《四庫總目》所載亦二卷。按《四庫總目》曰：「凡四十條，今以《太平廣記》勘之，一一相合，非當時全部收入，即後人從《廣記》鈔合」云云。今考此刻，卷上收二十條，卷下收二十二條，則《四庫總目》計數有誤。繆氏《藝風藏書續記》云：「爰取談本《廣記》對核，只採二十條，並非全部收入。《廣記》二百九十四元稹一條、《廣記》四百裴度一條，今書所無；桑道茂一條、李德裕一條，均在今書所引之外，字句譌錯，不如《廣記》遠甚」。蓋此書原本已佚，惟今本尚是南宋以後流傳之舊本，毛氏此刻乃自明翻宋本出。

《甘澤謠》一卷

唐袁郊撰，郊字子乾。首冠嘉靖三十二年楊儀序，末有五川居士及毛氏二跋。按此刻乃據楊儀重校本付梓，卷末附有東坡刪改圓澤傳并跋、贊寧記觀道人三生為比邱篇。

《瑯嬛記》三卷

此刻題元伊世珍席夫撰。《四庫總目》入之存目，言其乃明桑懌所偽，並已詳論之。卷末有毛氏跋。此書明末始出，毛氏首刻入此編中。

《本事詩》一卷

唐孟棨撰，棨字初中。首冠光啓二年自序，末有毛氏跋。《新唐志》著錄此書曰孟啓撰，毛氏此刻因之，然諸書志皆作棨，疑《新唐志》誤。

《輟耕錄》三十卷

元陶宗儀撰，宗儀字九成。首冠至正二十六年孫作序、末有成化五年彭瑋、無年月毛氏二跋。按此刻即據成化五年彭瑋刊本重刻。胡玉縉《四庫總目提要補正》云：「元時初刊本前有〈青溪野史邵亨貞募刻疏〉一篇，爲毛本所無。目錄後有「凡五百捌拾肆事」一語，較毛本二十二卷少「禽戲」一事，餘俱相同，其中可訂毛本之誤者，不一而足」云云。按《滂喜齋藏書記》載有元刻本，云有毛氏印記，並以《津逮》本從元本出云云。或毛氏又據成化本增訂「禽戲」條，今元本及成化本俱不傳，不知其詳。世傳《輟耕錄》，今皆以《津逮》本爲宗。

第十集十二種：

《洛陽伽藍記》五卷

北魏楊衒之撰，衒之字不詳。按此刻乃綠君亭刊本，後收入此編中。首冠自序，卷末有毛氏跋。《隋志》、《舊唐志》、《陳錄》及《四庫總目》著錄五卷，《晁志》、《通考》及《宋志》則作三卷，殆卷帙分合有異也；《晁志》楊作羊，則誤。又《四庫總目》云「此書原有註文，今佚去」云云，則誤，蓋其註文已混入正文，如水經注之例，顧廣圻《思適齋集》卷十四已詳論之。

《大唐創業起居注》三卷

唐溫大雅撰，大雅字彥龍。此刻乃《秘冊彙函》舊本。卷末有毛氏跋。

《洛陽名園記》一卷

此刻題李薦撰，非也，此實宋李格非文叔撰，《四庫總目》已詳論之。首冠紹興三年張琰序，卷末有格非及毛氏跋，均不署年月。

《老學庵筆記》十卷

宋陸游撰，游字務觀，號放翁。卷末有毛氏跋。《陳錄》、《通考》及《四庫總目》著錄十卷；《宋志》作一卷，當係字之譌。按毛跋曰：「茲集向編《稗海》函中」云云，則此刻當係據《稗海》本而梓。

《靈寶真靈位業圖》一卷

梁陶弘景撰，弘景字通明。此刻乃《秘冊彙函》舊本，首冠自序、次王世貞二序，再有胡震亨、沈士龍序。

《漢雜事秘辛》一卷

不著撰人。此刻乃《秘冊彙函》舊本。首冠楊愼、胡震亨序，末有包衡、姚士粦、沈士龍三跋。

《東京夢華錄》十卷

宋孟元老撰，元老號幽蘭居士。此刻亦《秘冊彙函》舊本。首冠紹興十七年自序，卷末有孟氏自跋及毛氏跋，均無年月。按毛氏有此書影宋抄本，末有淳熙十四年趙師俠跋，《學津討源》本更有胡震亨跋，毛氏均未補入此刻。

《玉堂雜記》三卷

宋周必大撰，必大字子充。此書趙希弁《讀書附志》及《四庫總目》著錄二卷，《宋志》則載一卷。首冠淳熙九年自序，末有紹熙元年丁朝佐、紹熙二年蘇森及無年月毛氏跋。

《西京雜記》六卷

晉葛洪撰。洪字稚川。首冠黃省曾序，末有葛洪及毛氏二跋。按此書舊本多題「漢劉歆撰，晉葛洪錄」，然此書實葛洪託名劉歆而撰也，詳見《四庫提要辨證》。是本據洪跋曰二卷，《隋志》、《新唐志》、《晁志》同，《舊唐志》作一卷，當係字之誤，《陳錄》、《宋志》及《四庫總目》作六卷，則應是後人所析。

《焚椒錄》一卷

遼王鼎撰，鼎字虛中。首冠大安五年自序，末有西園歸老、吳寬、姚士粦及毛氏四跋。按《鄭堂讀書記》云此書乃「明陶珽所補，故有叔祥以上三跋」。叔祥即姚士粦，則此刻乃據重編《說郛》本刊入。

《佛國記》一卷

宋釋法顯撰。此刻乃《秘冊彙函》舊本。有沈士龍、胡震亨二跋及無名氏題記。

《唐國史補》三卷

唐李肇撰，肇字未詳。首冠自序。其書《新唐志》、《崇文總目》、《陳錄》、《宋志》及《四庫總目》作三卷，與其自序合；《晁志》及《通考》作二卷，則係字之誤。按中圖藏有汲古閣影宋抄本《唐國史補》三卷，與此刻合，則此刻乃據宋本而梓。

第十一集六種：

《搜神記》二十卷

晉干寶撰，寶字令升。此刻乃《秘冊彙函》舊本。首冠自序，末有毛氏跋。

《搜神後記》十卷

晉陶潛撰，潛字淵明。此刻仍《秘冊彙函》舊本。

《冥通記》四卷

梁陶弘景撰。接此書實梁周子良撰，因書首有陶氏爲其作傳，故後世誤爲陶氏撰。此刻仍《秘冊彙函》舊本。

《稽神錄》六卷、《拾遺》一卷

宋徐鉉撰，鉉字鼎臣。《崇文總目》、袁州本《晁志》、《宋志》著錄此書十卷，衢州本《晁志》、《陳錄》、《通考》及《四書總目》所載則六卷。《晁志》云此書百五十事，《陳錄》則曰：「元本十卷，今無卷第，總作一卷，當是自他書中錄出者。」則是書原本十卷百五十事，至南宋傳罕，後人復自《太平廣記》錄出，次爲六卷，凡百七十四條，又《拾遺》十三條，已非原書之舊。其《拾遺》一卷，毛本以前未見，未知是否乃毛氏所輯。

《錄異記》八卷

蜀杜光庭撰，光庭字賓至。此刻乃《秘冊彙函》舊本。首冠自序，末有正德十四年柳僉跋並俞弁和柳氏詩，又有萬曆十七年趙清常跋。

《異苑》十卷

宋劉敬叔撰，敬叔字未詳。此刻仍《秘冊彙函》舊本。首冠崇禎八年胡震亨序，次劉敬叔傳，末有毛氏跋。

第十二集十種：

《東坡題跋》六卷

宋蘇軾撰。末有毛氏跋。按《東坡全集》內題跋散見，毛氏彙成六卷。

《山谷題跋》九卷

宋黃庭堅撰，庭堅字魯直，自號山谷道人。末有毛氏兩跋。按《山谷全集》中有題跋六卷，此刻前六卷即自其全集中抽出，後三卷則未知毛晉自何處所輯。

《鶴山題跋》七卷

宋魏了翁撰，了翁字華父。末有毛氏跋。按其全集中有跋七卷，與此刻合，毛氏即從其全集中抽出別行。

《放翁題跋》六卷

宋陸游撰。末有毛氏跋。按《渭南文集》中有跋六卷，與此刻合，蓋即此刻所據。

《姑溪題跋》二卷

　　宋李之儀撰，之儀字端叔。卷末有毛氏跋，云此刻所據，乃崇禎十一年蕭伯玉所與之抄本。

《石門題跋》二卷

　　宋釋德洪撰。末有毛氏、盧世　二跋。按德洪撰《石門文字禪》三十卷，內題跋凡三卷，此刻乃取其後二卷而成；且德洪門人所編《憨山老人夢遊集》內，亦有題跋二卷，毛氏亦未收入，則此刻所收實未全。

《无咎題跋》一卷

　　宋晁補之撰，補之字无咎。末有毛氏二跋。按晁氏《雞肋集》中有題跋一卷，即此刻所據，惟此刻較《雞肋集》所載多「豬齒臼化佛贊并序」一條。

《宛丘題跋》一卷

　　宋張耒撰，耒字文潛。末有毛氏跋。按此亦從其全集中抽出別行者。

《淮海題跋》一卷

　　宋秦觀撰，觀字少游。末有毛氏三跋。按《淮海集》中有題跋十四則，即此刻所出。

《西山題跋》三卷

　　宋眞德秀撰，德秀字景元，後更爲景希。末有毛氏跋。按《西山眞文忠公全集》中有題跋三卷，即此刻所出。

第十三集十種：

《六一題跋》十一卷

　　宋歐陽修撰。首冠嘉祐八年自序、熙寧二年修子棐序、無年月周必大序；末則有毛氏二跋。按修撰《集古錄跋尾》十卷，即此刻前十卷所出，惟削去原有之篆書；後一卷則錄自修《外集》中之〈雜題跋〉一卷。

《元豐題跋》一卷

　　宋曾鞏撰，鞏字子固。末有毛氏二跋。按曾氏《元豐類稿》內有題跋一卷，即此刻所出。

《水心題跋》一卷

　　宋葉適撰，適字正則。末有毛氏跋。按《水心先生文集》內有〈雜著〉一卷，所收皆題跋，即此刻所出。

《益公題跋》十二卷

宋周必大撰。末有毛氏跋，按此刻前六卷乃自《平園續稿》內抽出，後六卷則自《省齋文稿》中抽出，併而別行。

《後村題跋》四卷

宋劉克莊撰，克莊字潛夫。末有毛氏跋，曰：「猶憶是本，乃戊午年（萬曆四十六年）外舅濬源范公所貽，云是秦氏秘藏宋刻」云云。按毛氏所言「是本」，乃指《後村全集》，則此刻乃據宋刻《後村全集》中〈題跋〉四卷抽出別行者。至秦氏何人則已不可考。

《止齋題跋》二卷

朱陳傅良撰，傅良字君舉。末有毛氏跋。按《止齋先生文集》內有〈題跋〉二卷，即此刻所出。

《魏公題跋》二卷

宋蘇頌撰，頌字子容。此刻題蘇訟，誤。末有毛氏兩跋。其一跋曰：「家藏宋版《蘇魏公集》七十二卷，茲〈題跋〉一卷，其末卷云」云云。則此刻乃由其宋版全集中抽出別行者。

《晦菴題跋》三卷

宋朱熹撰。末有毛晉兩跋。按《朱熹全集》中共有跋四卷。此刻所取止後三卷，實非全本。

《容齋題跋》二卷

宋洪邁撰，邁字景盧。末有毛氏跋，曰：「……未見其全集，己卯（崇禎十二年）秋，從長干里獲其《題跋》二卷，尾有匏庵吳氏印記，較之《隨筆》所載，互有異同」云云。據此則此刻非從其全集中別出，乃另有所本，惟未明其所得為何本。

《海岳題跋》一卷

宋米芾撰，芾字元章，號海嶽外史。末有毛氏跋。並附〈寶章待訪錄〉於末。按米氏《寶晉英光集》內收有題跋七則，除〈跋快雪晴時帖〉為毛氏所收外，餘六則未錄，毛氏此刻所收亦七則，餘六則未知所據。

第十四集十種：

《樂府古題要解》二卷

唐吳兢撰，兢字未詳。首冠自序，末有毛氏兩跋。按毛跋曰：「余家藏有三本，一得之虞山楊氏，一得之錫山顧氏，皆多訛誤，後得元版頗善，然〈會吟行〉俱作〈吳吟行〉；又他書引吳兢注者，今本多無，或逸文尚多」云云。據此，則此刻乃據

元本而梓。《四庫總目》以此書非吳兢之舊，並以毛氏曾得元本，遂疑爲元人所僞，《四庫總目》提要已詳論之。

《癸辛雜識前集》一卷、《後集》一卷、《續集》二卷、《別集》二卷

宋周密撰，密字公謹。首冠自序，每集末皆有毛氏跋。按此書之刻，以《稗海》最早，然書首闕公謹自序，前集半誤收《齊東野語》，闕續、後二集，而誤別集爲後集。後烏程閔元衢於金閶小肆中購得抄本，以歸毛氏，毛氏遂刻入此編，而是書全貌始傳於世。則此刻於保存舊作，堪稱有功。

《紹興內府古器評》二卷

宋張掄撰，掄字材甫。末有毛氏跋。按是書於毛氏以前未見傳本，據毛跋，知此刻乃據范質翁所與于司直抄本。後人遂因之疑其爲明人所僞，《四庫總目》已詳論之。現傳世之刻本，亦僅有毛本。

《揮麈前錄》四卷、《後錄》十一卷、《三錄》三卷、《餘話》二卷

宋王明清撰，明清字仲言。前錄首冠慶元元年〈實錄院牒文〉，末有自序、淳熙十二年自跋、乾道五年程迥跋、無年月郭九德跋、李賢良簡及毛氏跋。後錄末有紹熙五年自跋及無年月王禹錫、毛氏跋。三錄末有慶元元年自跋及無年月毛氏跋。餘話末有慶元六年趙不讚及無年月毛氏二跋。其書《陳錄》、《通考》、倪氏《宋志補》及《四庫總目》著錄，惟陳、馬兩家前錄作三卷、餘話作一卷，蓋字之誤。近《四部叢刊續編》收有此書汲古閣影宋鈔本，與此刻悉合，則毛氏曾見宋刻，此刻殆即據影宋本而梓。

第十五集十種：

《夢溪筆談》二十六卷

宋沈括撰，括字存中。首冠自序，末有乾道二年湯脩年跋及毛氏兩跋。是書《晁志》、《陳錄》、《通考》、《宋志》均著錄，惟《宋志》作二十五卷。按《儀顧堂續跋》載宋刊本，云毛本即據其出。《四庫總目》所載又有《補筆談》二卷、《續筆談》一卷，爲毛本所無。《學津討源》所收，即據毛末，並由《稗海》收入《補、續筆談》，視毛本爲佳。

《湘山野錄》三卷、《續》一卷

宋釋文瑩撰，文瑩自號道溫。末有毛氏跋。此書《宋志》作三卷；《晁志》作四卷，當併《續錄》計之；《通考》作三卷、又《續》三卷，當係字之誤；《四庫總目》所載，則與此刻合。《學津討源》亦收此書，乃以宋本校毛本而梓，視毛刻爲佳。

《春渚紀聞》十卷

宋何薳撰，薳自號韓青老農，末有姚士粦及毛氏二跋。按此書《陳錄》、《通考》、《宋志》及《四庫總目》俱著錄，惟《宋志》作十三卷，當係字之誤。其書姚氏藏僅半部，後毛氏購得抄本，始補足付梓，惟卷九闕一葉。後張若雲據盧文弨《群書拾補》補入，並借黃蕘圃家藏宋本校毛本舛訛之字，刻入《學津討源》，而爲現行最佳之本。

《齊東野語》二十卷

宋周密撰。首冠自序及至元二十八年戴表元序，末有毛氏跋。按《汲古閣珍藏秘本書目》內有此書舊抄本，或即此刻所據。

《茅亭客話》十卷

宋黃休復撰，休復字歸本。卷末有毛氏跋。按《汲古閣珍藏秘本書目》內有此書舊抄本，或即此刻所據。

《河南邵氏聞見前錄》二十卷

宋邵伯溫撰，伯溫字子元。首冠紹興二年自序，次伯溫子博序。《陳錄》、《通考》、《宋志》及《四庫總目》俱著錄，惟《宋志》作一卷，當係字之誤脫。按其書乃伯溫子博所編，《結一廬書目》云毛本有脫葉，且舛誤甚多云云。《汲古閣珍藏秘本書目》有此書舊抄本，不知是否爲此刻所據。《學津討源》所收則詳加校訂，視毛本爲善。

《河南邵氏聞見後錄》三十卷

宋邵博撰，博字公濟。首冠紹興二十七年自序。《四庫總目》著錄。《陳錄》作二十卷，《通考》因之，則當係字之誤。《汲古閣珍藏秘本書目》亦有此書舊抄本，不知是否即此刻所據。《學津討源》亦曾校訂此書，較毛本爲善。

《錦帶書》一卷

梁蕭統撰，統字德施，諡昭明。末有順治六年毛氏跋。《陳錄》、《通考》、《四庫總目》著錄，均無「書」字；且陳氏云此書爲梁元帝撰，未知孰是。

《避暑錄話》二卷

宋葉夢得撰。末有毛跋。《陳錄》、《通考》、《宋志》、《四庫總目》著錄。按是書又名《乙卯避暑錄話》。毛跋曰：「既得宋刻《避暑錄話》，迥異坊本。自敘藏書三萬餘卷，藏碑千餘帙」云云。據此，則此刻乃據宋本而梓。然宋本有葉氏自序，毛氏未知何故刪去。又《汲古閣珍藏秘本書目》有此書舊抄本，並附《補遺》一卷，則爲他本所未見。

《貴耳集》三卷

宋張端義撰，端義字正夫，號荃翁。卷一前有淳祐元年自序，卷二前有淳祐四年自序，卷三前有淳祐六年自序。末有崇禎十五年閔元衢跋。按是書《宋志》不載，《四庫總目》著錄分爲三集，集各一卷。此刻則不分集，併作三卷。按閔跋曰：「甫聞子晉樂善好古，促余亟副墨授之」云云。則此刻乃據閔氏抄本而梓。其書歷來傳本皆未全，毛氏此刻出，全書始賴以傳世，其刻於保存舊笈可謂有功。

《群芳清玩》十二種十六卷

明李璵編，璵字惠時。

明末崇禎間汲古閣刊本。

板匡高十九、八公分，寬十二、一公分。每半葉八行，行十八或十九字不等。左右雙欄。板心花口，上象鼻題書名，無魚尾，中題葉數，除《畫鑑》一書於下象鼻題「汲古閣」三字外，餘皆不題。每種前皆有扉頁題書名，惟《畫鑑》前之扉頁，中題書名，右上角題「毛氏正本」，左下角題「汲古閣藏板」。全編首冠崇禎二年徐亮序，次總目。

此編《續通考》及《四庫總目》著錄，皆題曰無卷數。按此編初名《山居小玩》，凡錄十種，乃毛氏於崇禎二年時所梓，徐亮序之。至順治年間，毛氏又增入《畫鑑》及《採菊雜詠》二種重印，始改今名。此編歷來僅汲古閣刻之，《四庫總目》論之曰：「蹐駁不倫，爲坊賈射利之本」。按李璵此編雖多有舛漏之處，然仍有其彙集之功，惟毛本刊刻之時，校刊多未精審，《四庫總目》言其爲射利之本，良有以也。或僅有保存明代文獻於不墜，尚強可稱爲此刻之功。其本現僅中圖藏有一部。僅將此編所收十二種，著錄於次：

《鼎錄》一卷

梁虞荔撰，荔字山披。首冠小序，殆毛氏所撰。其書《中興館閣書目》著錄，《晁志》則載唐虞協撰《古鼎記》，《宋志》小學類及小說家類皆著錄，惟小說家類作《古今鼎錄》，《通考》所載則唐吳協《古鼎記》、隋虞荔《古今鼎錄》，《國史經籍志》因之。《四庫總目》所載則合此刻，並云吳協即虞荔，乃傳寫之誤，且荔實爲陳人。則此書歷來名稱各異，且多有誤題撰者名氏。《四庫總目》並言其書已摻有虞荔以後之作，且次序已亂。蓋流傳既久，已屢經竄亂，眞僞莫辨。

《刀劍錄》一卷

梁陶弘景撰，弘景字通明。首冠小序，殆仍毛氏撰。《晁志》、《通考》、《宋志》、

《國史經籍志》及《四庫總目》著錄，均題《古今刀劍錄》。其書亦眞僞參半，《四庫總目》已詳論之。

《硯史》一卷

宋米芾撰，芾字元章。首仍冠小序，殆仍毛氏撰。《陳錄》、《通考》、《國史經籍志》及《四庫總目》均著錄。

《石譜》一卷

宋杜綰撰，綰字季揚，號雲林居士。其書倪氏《宋志補》、《國史經籍志》、《續通考》及《四庫總目》均作《雲林石譜》三卷，此刻則併三卷爲一卷。

《瓶史》二卷

明袁宏道撰，宏道字無學。首冠袁氏自序。《千頃堂書目》所載及袁氏原刻俱不分卷，此作二卷，當係毛氏所分。

《奕律》一卷

明王思任撰，思任字季重。《續通考》及《四庫總目》著錄。按《四庫總目》云其所載本凡四十二條，此刻僅四十條，則非完帙。

《蘭譜》一卷

宋王貴學撰，貴學字進叔。首寇淳祐七年自序及同年葉大有序，末有崇禎三年于鏘及無年月戴植二跋。其書《續通考》及《四庫總目》著錄，倪氏《宋志補》則作《王氏蘭譜》。按此書傳本除毛本外，尚有《說郛》本。《說郛》題《王氏蘭譜》，即《宋志補》據以著錄者。按于鏘跋曰於「先人故篋中得舊抄本，乃手錄一本付毛晉梓之」云云。則毛本乃自抄本出。《四庫總目》云毛本較《說郛》本少三十餘條，然實則《說郛》本多〈紫蘭〉、〈白蘭〉二篇共四十條：毛本之〈愛養之地〉、〈蘭品之產〉二篇則《說郛》本無，蓋互有闕佚，皆非完帙也。又武進陶氏《書目》云有莊繼光跋、王世貞序，今本則未見，各書目亦不載。陶氏又云此書後附有《翼譜叢談》一卷，顧氏《汲古書目》則云《蝶几譜》後附《翼譜叢談》，今本亦皆未見，各書志亦不載，不知何據。

《茗笈》二卷附《茗笈品藻》一卷

明屠本畯撰，本畯字田叔。首冠自序，次題詩十首。此書《續通考》及《四庫總目》著錄，然皆未及附錄。按《四庫總目》云此書乃屠氏所撰，而此刻則題屠氏編輯。疑此書原無附錄，毛氏所據之本乃經後人增衍，而毛氏誤爲屠氏所輯。故題曰編輯而不曰撰。

《香國》二卷

明毛晉輯。首冠崇禎三年毛氏自序。《續通考》及《四庫總目》著錄，皆題三卷，

蓋字之誤。

《蝶几譜》一卷

明嚴澂撰，澂字道澈。首冠萬曆四十五年自序。按此刻乃毛氏早年代嚴氏賴古室所梓，後收入此編內者。故全刻仍用綠君亭板式，而於版心亦有「賴古室」之題名。

《畫鑑》一卷

元湯垕輯，垕字君載。末有題辭，未署年月及撰人，次有崇禎十五年毛氏跋及無年月再跋。其書倪氏《宋志補》、《國史經籍志》、《續通考》及《四庫總目》均著錄，惟《宋志補》、《經籍志》及毛氏此刻均題湯氏為宋人，實湯氏為元人，《四庫總目》已詳論之。卷末題辭曰：「采眞子在京師時，與今鑒畫博士柯敬仲論畫，遂著此書……惜乎尚多疏略，乃為刪補，編次成帙，名曰《畫鑑》」云云。按采眞子即湯氏自號，柯仲敬為元人，則此書已經元人改易，非原書之舊矣。毛氏跋則曰：「壬午（崇禎十五年）秋於秦准遇周浩若，出此編示之，予狂喜而授梓」云云。則此刻乃據周浩若藏本而梓，惟未詳周氏所藏為何本。

《采菊雜詠》一卷

明馬宏道撰，宏道字人伯。首冠甲午年馬宏道引言，末有同年王咸跋及無年月毛氏跋。《續通考》及《四庫總目》著錄。按甲午年即順治十一年，蓋明已亡，不冠年號。

第四章　集　部

第一節　別集類

《陶靖節集》三卷，附《聖賢群輔錄》一卷、《參疑》一卷、《雜附》一卷

晉陶潛撰，明毛晉編。潛一名淵明，字元亮。

明天啓乙丑（五年）綠君亭刊本。

板匡高二十公分，寬十四、一公分。無行界，每半葉八行，行十八字。四週單欄，版心上書卷名，白口而無魚尾，下書「綠君亭」及葉數。《陶靖節集》卷一次行題「明東吳毛晉子晉重訂」，《參疑》卷首次行則題「明東吳毛晉子晉參定」。書首有蕭統撰序及〈陶淵明傳〉、顏延之撰誄文；卷末則有天啓五年毛晉跋。

《陶淵明集》《舊唐志》作五卷、《新唐志》作二十卷、《宋志》作十卷、《陳錄》、《晁志》、《通考》俱作十卷，《國史經籍志》作二十卷，《國史經籍志補》作十卷，《四庫》所收則八卷之本。按卷末毛跋曰：「徧搜宋元善本，合以今刻，更博稽嚴訂，汰彼淆訛，而卷次互殊，無可確據。特彙詩爲一卷，文爲一卷，而四八目附爲！至評註並列本文，繁瑣參錯，悉用刪去。間有一二可疑可採者，另附卷末」云云。據此，則此編實毛晉所自編，故悉與歷來著錄者不合。

此刻卷一收四言及五言詩共一百五十八首，卷二收賦、辭、記、傳、贊、述、疏、祭文共十七篇。今考以《陶淵明全集》十卷本，則毛本卷一乃合全集本卷一至卷四而成；毛本卷二乃合全集本卷五至卷八而成。全集本卷九、卷十乃《聖賢群輔錄》（按一名四八目，列燧人至魏史所傳之聖賢人）及諸家評陶彙集，毛本則僅存其《聖賢群輔錄》，再附以自訂之《參疑》（按考陶詩文之有疑者）、《雜附》（按乃雜考

有關陶氏詩文之事及生平事蹟者）聯成此編，非但詩、文率意刪削者不少，全書亦已非原集之舊。毛晉擅改古書，或未有踰於此者！

毛晉數年前即曾據宋本梓《陶淵明集》十卷，並與《屈子》七卷合訂之，猶爲近古，且遠較此編爲善，惜現已不得見。此編則僅有中圖藏有一部，各書志載汲古刻《陶淵明集》，則皆以十卷本爲準，此編實不足論。

《浣花集》十卷、《補遺》一卷

蜀韋莊撰，毛晉輯《補遺》。

明末綠君亭刊本，《補遺》則題汲古閣刻。

板匡高二十、五公分，寬十四、四公分。無行界，每半葉八行，行十八字。四週單欄。版心白口，無魚尾，上刻書名及卷次，下刻「綠君亭」三字及葉數。《補遺》則版心上刻「浣花集補遺」，下刻「汲古閣」三字及葉數。前有扉頁，內大字題書名。卷一次行題「明東吳毛晉子晉重訂，餘卷不重署。正集及《補遺》前皆有目次，書首冠後唐天復三年韋藹序；末附錄自《唐詩紀事》之韋莊行實，並有毛氏跋。

此集《陳錄》著錄一卷，或是十卷之誤；《晁志》作五卷，《通考》因之；《宋志》著錄十卷，《國史經籍志》作二十卷；《四庫總目》則據毛氏此刻著錄，並疑原書五卷，後人析爲十卷。

此集乃莊弟藹所編，據書首藹序，莊於天復三年得杜甫艸堂，因以名集，而所收亦止於是年。故其詩多有未入此集者。卷末毛氏跋曰：

> ……向有朱氏版頗善，惜逸藹序，余幸獲完璧矣。梓行既久，復閱《才調集》、《文苑英華》諸書，又得諸體詩三十首有奇，悉附作《補遺》。

按黃堯圃曾藏此書毛氏影宋抄本，則毛氏此刻或是據宋本翻刻。其《補遺》共收三十八首，其中〈癸丑年下第獻新先輩〉一首已重出於正集卷八，毛氏偶失檢。至其所云「朱氏版」，即明朱子儋刊本。其本《四部叢刊》收入，除逸藹序外，正集與毛本悉合，卷末亦附《補遺》，惟僅〈乞彩牋歌〉及〈詠白牡丹〉二首，未若毛本之全。

毛氏此刻現中圖藏有二部，其中一部無《補遺》，殆是初行之本。

《丹淵集》四十卷，附《拾遺》二卷、《墓誌銘》及《年譜》一卷、《附錄》一卷

宋文同撰，同字與可，號石室先生。

明崇禎四年汲古閣刊本。

板匡高二十、五公分，寬十三、八公分。四週雙欄，版心花口，上象鼻刻書名，單魚尾，下刻卷次及葉數。書首冠萬曆三十八年錢允治、崇禎四年毛晉二序。

此書、《晁志》、《陳錄》、《通考》及《國史經籍志》著錄僅四十卷，《四庫總目》所載則益《附錄》二卷。按此集原乃文同曾孫籌所編，止詩十八卷，慶元間家誠之又博采其遺，成四十卷，並附《補遺》、《年譜》及《附錄》等。明萬曆間，李務滋因慶元刻本罕見，遂校刻此集，陳仲醇爲之校讎，錢允治序之，而付吳建先剞劂。至崇禎四年，毛氏遇吳建先，吳氏因其於此集能梓而不能行，已漸入蠹魚腹，遂挈其梨棗以歸毛氏，毛氏爲理殘缺而重新授梓，此集方廣傳於世。現中圖所藏《陳眉公先生訂正丹淵集》，即是汲古閣重訂吳建先殘板而梓行者。

《伊川擊壤集》二十卷

宋邵雍撰，雍字堯夫，卒謚康節。

明末汲古閣刊本。

板匡高二十、五公分，寬十四公分。每半葉十行，行二十字，四週雙欄。板心上象鼻白口黑框，惟每卷首、尾兩葉黑框內書「道藏賤幾」（一至十卷）或「道藏禮幾」（十一至二十卷），中題書名及卷次，無魚尾，下象鼻則大黑口，按此乃道藏本之版式。首冠治平丙午（三年）邵雍自序，末有元祐六年邢恕跋。

此集《晁志》、《通考》、《宋志》、《國史經籍志》及《四庫總目》俱著錄。

按此刻乃毛氏自《道藏》中取出別行者。以毛本核以中圖所藏南宋建刊配補元刊本、明初仿宋刊十行本、朝鮮舊刊本及《四部叢刊》所收明成化刊本，則諸刻卷二十皆收詩百三十八首，較毛本多〈光和堯首尾吟〉、〈顯和〉、〈弼觀罷走筆書後卷〉三首；且諸刻末皆附《集外詩》十三首，爲毛本所無。《儀顧堂題跋》云毛本所以脫漏誤謬甚多，乃毛本出於《道藏》，必經道流妄削，又不得原本校正，故踵其謬。按康熙間毛扆曾見元刊本，並影鈔之，惜毛晉未及見之。武進陶氏《汲古書目》及滎陽悔道人所輯《汲古校刻書目補遺》，均列此刻爲汲古閣刻《道藏》八種之一。惟現其餘七刻皆不得見，未知其詳。此刻現中圖藏有三部，末皆有闕葉。

《陸放翁全集》一百五十七卷

宋陸游撰，明毛晉編輯。

明末至清初汲古閣刊本。

板匡高十八、九公分，寬十四、三公分。每半葉八行，行十八字。左右雙欄。版心花口，上象鼻題書名，無魚尾，中刻卷，次及葉數，下象鼻刻「汲古閣」三字。

全編之首冠《宋史·陸游傳》。

　　此編乃毛氏彙集陸氏著作六種而成。陸氏之書，昔皆散見，至毛氏集成此編後，始有全集行世。現行世之陸氏全集，皆以毛氏此編爲準，其蒐輯刊刻之功匪淺。全編除《家世舊聞》一種所收非完帙外，餘多據善本訂正而梓，其中《放翁逸稿》，乃爲毛氏所輯；《齋居紀事》則爲毛晉子扆自《嘉藝錄》中摘出，使陸氏幾絕之作得以廣傳於世，其功甚鉅。惟毛氏所收，實未盡陸氏之作，如《天彭牡丹譜》一卷、《感知錄》一卷、《緒訓》一卷，及《國史經籍志》內所載《枕中記》一卷等，當時皆有傳本行世，毛氏俱未收入，而《老學庵筆記》十卷則列入，《津逮秘書》未收入此編中，亦可怪也。此刻現中圖藏有二部、史語所、臺灣大學及美國葛斯德東方圖書館各藏一部。

　　今行世之商務印書館、世界書局、文友書店等所印陸氏全集，亦皆據毛氏此刻，益以《老學庵筆記》而成。茲將此編六種，著錄於次：

《渭南文集》五十卷

　　卷末有嘉定十三年陸氏子遹跋，及無年月毛氏跋。其書《宋志》著錄，題書名爲《渭南集》，《陳錄》、《通考》、《國史經籍志》亦題《渭南集》，惟作三十卷，《四庫總目》則據毛本著錄，並云陳氏等誤五爲三。此書乃陸游生前即已命名曰渭南，後其子遹編爲五十卷，梓於溧陽學宮。毛跋曰「此集罕見於世……邇來有紹興郡刻本，去《入蜀記》而溷增詩九卷〔註1〕。既得光祿華君活字印本，乃嘉定中遹所編」云云。則吳錫華氏活字本乃據宋本重印，毛本又據之重刊。其跋所云紹興郡刻本，即《葉志》所載正德八年梁喬刻本，按遹跋即已有「詩家事不可施於文」之語，現毛本已據華氏本，刪去其詩八卷，而增《入蜀記》六卷，使原書眞目重見於世。

《劍南詩稿》八十五卷

　　卷末有嘉定十三年陸氏子虞跋及無年月毛氏跋。其書《陳錄》載《劍南詩稿》二十卷、《續稿》六十七卷，總八十七卷，《通考》因之；《宋志》則僅著錄《劍南續稿》二十一卷。《四庫總目》所載，則八十五卷，未分正續。虞跋曰：「……孝宗念其（按指陸游）久外，趣召東下，然心固未嘗一日忘蜀，故題其詩爲《劍南詩稿》，後門人梓行之。其戊申己酉後詩則命虞編次爲四十卷，題曰《劍南續稿》，而親加校定。自此至捐館舍，通前稿爲八十五卷，刊之九江郡齋，名曰《劍南詩稿》……其在新定時所編前稿，於舊詩多所去取，所遺詩尚七卷，名曰《遺稿》」云云。按此，則此本乃虞所編，已合正、續爲八十五卷。至跋所云《遺稿》七卷，今則未見，殆

〔註1〕紹興郡刻本內所收詩實僅八卷，毛氏題爲九卷，誤。

亡佚已久。又《四庫總目》云別有一本，乃陸游門人鄭師尹所編，則此書歷來傳本非一。卷末毛跋云其於天啓四年得此書，乃梓行之云云。按此刻每卷末間題「虞山毛晉宋本校刊」等字樣，則毛氏所得而據梓之本，應是宋本。

《放翁逸稿》二卷

此書乃毛氏所輯，每卷末皆有毛跋；後附續添二十首，則晉子扆所輯附，扆亦有跋。其書僅《四庫總目》附載於《渭南文集》之後。卷上末毛跋曰：「從牧齋處得賦七首，〈閱古泉記〉、〈南園記〉雖見疵於先輩，文實可傳，因合鐫之，並載詩餘幾闋，以補《渭南》之遺」云云。按〈閱古泉記〉及〈南園記〉，乃陸游爲韓侂冑所撰，故陸氏並未將之納入文集，惟葉紹翁《四朝聞見錄》載之。毛氏現收入此編中，《四庫總目》評曰：「非游之本志」。卷下所收，則詩四十三首，據毛跋，亦得於錢牧齋，蓋補《劍南詩稿》之遺。二卷之末又附續添二十首，則爲晉子扆於此刻刊成後六十餘年，復得紹興郡本，該本無《入蜀記》六卷而多詩八卷，毛扆乃從中輯出未刻詩二十首補刻之。

《南唐書》十八卷附《音釋》一卷

首冠元趙世延序，末有毛氏跋。其書《陳錄》、《通考》著錄十五卷；《宋志》所載亦十五卷，題曰不知作者，應即是此本；《國史經籍志》及《四庫總目》所載則皆十八卷本。則其書有十五卷、十八卷之分。《讀書敏求記》內載有此書宋本，亦十八卷。今考《祕冊彙函》本書首沈士龍題辭云：「陸游新修《南唐書》止十五卷，今合三紀，得十八卷。」則差異所在，乃烈祖、元宗、後主三本紀。此刻書首趙序曰：「命戚光爲音釋，由博士程熟等校訂錄板于金陵」云云。毛跋則曰：「是書凡馬令、胡恢、陸游三本，先輩云馬、胡詮次識力相似，而陸獨遒邁，得史遷家法。今馬本盛行，胡本不傳，放翁書一十八卷僅見於塩官胡孝轅《秘冊彙函》中，又半燼於武林之火。庚午（崇禎三年）仲夏，購其焚餘板一百有奇，斷蝕不能讀，因簡家藏抄本，訂正付梓於全集逸稿之末。至若與馬玄康異同繁簡，已詳見胡、沈兩公跋語」云云。據此，則《音釋》一卷乃元戚光所撰，非陸氏原書所有。毛氏因《祕冊彙函》本之燼餘殘版，校以家藏舊抄本重刊之。惟其云有胡、沈兩公跋語，今本則皆未見。

《家世舊聞》一卷

卷末有毛氏跋。其書僅《國史經籍志》及明《文淵閣書目》載之，均未題卷數。此刻所收僅七條，據毛氏跋，乃得自《學海》及《說郛》。按《學海》、《說郛》所收皆七條，毛本與之同，《說郛》題其所出乃二卷本，今檢中圖所藏舊鈔二卷本，所收共百十三條，則毛本所闕甚鉅。蓋其書流傳甚罕，即藏書富如毛氏者，皆未之見。

《齋居紀事》一卷

卷末有嘉靖五年袁褧及無年月宇文公諒、毛扆跋。按其書各書志均不載，毛晉亦未之見。據毛扆跋，此書乃是扆於毛晉謝世後，由袁褧《嘉藝錄》中抽出刊梓而附於此編之末者。而《嘉藝錄》內所載，則抄自放翁眞蹟。今《嘉藝錄》罕傳，若無毛扆刊此書入此編中，則陸氏之作幾致逸失，其保存舊籍之功，可謂匪淺。

《楊鐵崖先生集》三種二十七卷

元楊維禎撰，維禎字廉夫，號鐵崖。

明末汲古閣刊本。

板匡高十八、八公分，寬十三三八公分。半葉八行，行十九字。左右雙欄。版心花口，無魚尾，上象鼻記書名，中記卷次及葉數，下象鼻刻「汲古閣」三字。前有扉頁，題「楊鐵崖樂府」。每卷前皆各列卷目。

此編乃毛氏集楊鐵崖著作三種而成。第一種爲《鐵崖先生古樂府十卷附樂府補》六卷，《古樂府》十卷爲鐵崖門人吳復編輯，《樂府補》則明人補輯。首冠至正六年張天雨及同年吳復二序。錢氏《補元志》、《續通考》及《四庫總目》著錄，《明志》著錄《古樂府》十六卷，乃《古樂府》及《樂府補》併稱之，《國史經籍志》則僅載《古樂府》十卷。第二種爲《復古詩集》六卷，乃鐵崖門人章琬所輯。首冠至正二十四年章琬序，末有至正二十四年章琬、正統元年楊士奇及同年衛靖三跋。錢氏《補元志》、《續通考》、《明志》及《四庫總目》著錄，惟《明志》簡稱之《詩集》。第三種爲《麗則遺音》四卷、《附錄》一卷，《麗則遺音》爲鐵崖門人陳存禮所編，《附錄》則毛氏所增附。錢氏《補元志》、《續通考》及《國史經籍志》著錄，皆未及《附錄》；《四庫總目》則據毛氏此刻著錄。首冠至正二年鐵崖自序，末有至正元年陳存禮、三年胡助及無年月毛晉三跋。其中《麗則遺音》前三卷每詩均附有黃子肅評語，附刻於目錄下。

按首刻鐵崖詩集者，乃至正間顧氏艸堂，其刻取《古樂府》十卷及《復古詩集》六卷，以《鐵崖先生古樂府》十六卷名之。內有黃潛評、章琬注，並附鐵崖所撰〈吳復墓誌銘〉於卷十之末。至正統初年，衛靖得其本於楊士奇家，遂益宋濂撰〈鐵崖墓誌銘〉於卷首，然未加以重梓。現所行世成化五年劉儆刻本、萬曆間顧文曜重刊本及毛氏此刻，皆從此明補元槧本出。惟毛本分題《古樂府》及《復古詩》，刪去墓誌銘及黃潛評語，而益以明人所輯之《樂府補》六卷。雖改易元本之舊，然所收實較他本完備。至《麗則遺音》四卷，據毛跋知爲其偶得元乙亥科湖廣鄉試《荊山璞賦》一冊，該集即附於末。《汲古閣珍藏秘本書目》內有此集元本，殆即其所得者。

毛氏遂據以重刊，其《荊山璞賦》五則并綴錄於後，刊刻頗善。

此刻現中圖藏有三部，史語所藏有一部。

《筠溪牧潛集》七卷

元釋圓至撰。

明崇禎十二年汲古閣刊本。

板匡高十九、三公分，寬十三、六公分。每半葉八行，行十九字。左右雙欄。板心花口，無魚尾，上象鼻題書名，中刻卷次及葉數，下象鼻刻「汲古閣」三字。前有扉頁，大字題書名。首卷第二、三行題「高安釋圓至撰、華山釋明河訂」。首冠崇禎十二年明河序，末附大德三年洪喬祖跋。

此書《續通考》及《四庫總目》均著錄。按其書初梓於大德三年，方回序之，未幾洪喬祖見之，又爲之跋。明初時曾翻刻元本，姚廣孝序之，惜流傳甚罕。崇禎十二年，明河得此書之元刊殘本與舊抄本，併付毛氏梓之。然毛氏均未將方、姚二序列入，實有任意刪削之過。又明河序稱曾見圓至〈修隆禪師塔記〉云云。今此刻亦不得見，殆又毛氏刊刻闕漏之失。其本現僅中圖藏有一部，餘悉未見。

《牧雲和尚嬾齋別集》十四卷、《病游游階》一卷、《病游初草》一卷、《後草》一卷、《宗本投機頌》一卷

明釋牧雲撰。

明末崇禎間汲古閣刊本。

板匡高二十一公分，寬十四、七公分。《嬾齋別集》半葉十行，行二十字。四週雙欄，板心白口。無魚尾，上象鼻題書名，中紀卷次，下象鼻記葉數，惟每卷首、尾兩葉版心中間署「汲古閣」三字。《病游初艸》、《後艸》則每行作二十一字。《病游游乂》與《宗本投機頌》款式與《嬾齋別集》同，惟板心下作黑口，無汲古閣署名而已。《嬾齋別集》前冠朱一是（按法名恒晦）及李王庭二序。《病游初艸》前冠崇禎十三年牧雲和尚自序。

此書諸目未載，顧氏《汲古書目》亦未收，唯陶氏《書目》有之，列入知而未得之目，蓋其書傳本甚罕。現北平館藏有一部，中圖亦藏之，列《嘉興藏續藏經》中，惟無《病游游乂》及《宗本投機頌》。

《馮氏小集》三卷

清馮班撰，班字定遠，號鈍吟居士。

明末崇禎間汲古閣刊本。

板匡高十五公分，寬十二、五公分。半葉十四行，行二十一字。左右雙欄。版心白口，單魚尾，下記書名及葉數。惟每卷首、尾兩葉魚尾下改寫「汲古閣」及「毛氏正本」字樣。首冠錢謙益序，未署年月。

其書諸目均未著錄。按毛氏於崇禎間梓《馮氏小集》行世，至清康熙間，陸貽典等人復得馮班著作多種，乃梓行《鈍吟集》三卷、《鈍吟別集》一卷、《鈍吟餘集》一卷、《游仙詩》二卷、《鈍吟老人集外詩》一卷、《鈍吟樂府》一卷、《鈍吟老人文稿》一卷，並合毛氏所刻此《馮氏小集》三卷，總名之曰《鈍吟老人遺稿》，再益以《雜錄》十卷，合印以行世，陸貽典並總序之。現所行之本，皆是此分刊合印之本，毛氏所刻《馮氏小集》，已無別行者。現中圖藏有其本兩部，皆分刊合印本，其中一部有何焯批校，另一部則無《鈍吟老人文稿》及《雜錄》。

第二節　總集類

《李善註文選》六十卷

梁昭明太子蕭統編，唐李善註。善字崇賢。

明末汲古閣刊本。

板匡高二十一、八公分，寬十五、一二公分。每半葉十二行，行二十五字，小註夾行，行三十七字。左右雙欄。核心白口，單魚尾下刻「《文選》卷幾」及葉數，惟每卷首葉改刻「汲古閣」與「毛氏正本」、末葉改刻「《文選》卷幾」與「汲古閣」字樣。文每卷首、尾兩行各有「琴川毛鳳苞氏審定宋本」木記。首冠總目及昭明太子序、顯慶二年李善〈上文選註表〉。

蕭統編《文選》凡三十卷，唐李善為之註，並析為六十卷。自書成以來，卷帙未改，故《晁志》、《陳錄》、《通考》、《宋志》、《國史經籍志》及《四庫總目》所載悉同。

汲古此刻，無毛氏序跋，然據其每卷首尾之「審定宋本」木記，似是據宋本重刊者。今以淳熙間尤延之刊本校之，則毛本與宋刊李善注本不合之處甚多，如卷二十五陸雲〈答兄機詩〉註內有「向曰」一條、「濟曰」一條；〈答張士然詩〉註內有「翰曰」、「銑曰」、「向曰」、「濟曰」各一條；卷二十七樂府古辭宋本僅〈飲馬長城窟行〉、〈傷歌行〉、〈長歌行〉三首，毛本則多〈君子行〉一首，並自註曰：「李善本古詞止三首，無此一篇，五臣本有，今附於後。」據此，則毛本實非全據宋刊李善

註單行本而梓。《四庫總目》更以此而言毛本係因六臣之本削去五臣，獨留善註，故刊除不盡，未必眞見單行本云云。除以上數條外，《四庫總目》更舉疑竇數條，以論毛本刊刻非據單行本，惟其言卷四十五〈孔安國尚書序〉及〈杜預春秋左氏傳序〉二篇，僅列原文而無註，疑亦從五臣本剿入。惟今考宋刻單行本，此二篇序實無註文，《四庫總目》殆未見宋本。除此之外，《四庫總目》所舉皆詳實，今不復贅。

明時李善注本《文選》，以汲古本行世最廣，直至清胡克家據南宋本重刊，汲古本方漸晦。《瞿目》言除淳熙間尤延之刻本外，以元張伯顏池州路刊本最善。蓋汲古本脫誤甚多，惟因當時止汲古閣刻李善單註本，故曾大行一時。

後世翻刻汲古閣本者甚多，故宮藏有康熙丙寅（二十五年）錢士諤覆刊本，有朱筆何焯評校題記，中圖亦藏有清覆刊本，清金陵書局翻刻本。又故宮《善本書目》云有汲古閣刊本一部，今考該本，卷一首行下刻有「康熙丙寅孟夏上元錢士諤重校」一行，則仍爲覆刻本。汲古閣所刻原本，現已甚爲希見。

《三唐人文集》三十五卷

明毛晉編。

明末汲古閣刊本。

板匡高十八、四公分，寬十四、二公分。每半葉九行，行十九字。左右雙欄。版心花口，上象鼻刻書名，除《皇甫持正集》版心有一魚尾外，餘皆無魚尾，下刻卷次及葉數，下象鼻皆刻「汲古閣」三字。有扉頁，內大字題「《三唐人文集》」，小字題「汲古閣藏板」。李文公與孫可之兩集皆首卷次行題「東吳毛晉子晉訂」，有總目；惟《皇甫持正文集》於總目之次行題「皇甫湜字持正」，而無毛晉之署名，又《皇甫集》每卷首各冠卷目，與正文相銜，猶是唐宋舊式，與前兩集異。

是書乃毛氏合唐人文集三種而成，其中除《皇甫集》所據爲宋本外，餘皆未據善本梓行。其時所存世者，《李文公集》與《孫可之集》皆有宋本，而毛氏未見，殊屬可惜。此編中圖及史語所各藏一部，茲分別論述於次：

《李文公集》十八卷

唐李翱撰，翱字習之。首冠景祐三年歐陽修、無年月宋濂二序，末有景泰六年邢讓及無年月毛晉二跋。《新唐志》、《晁志》、《宋志》、《國史經籍志》均名《李翱集》，然《新唐志》作十卷、《晁志》及《國史經籍志》作十八卷、《宋志》作十二卷；《陳錄》則題《李文公集》，作十卷，且云：「蜀本分作二十卷」。是宋時此集名稱、卷數已多有不同。《四庫總目》作十八卷，則是據毛本著錄。按此刻共收翱之各體文一百三則，其中〈疏引見待制官〉及〈歐陽詹傳〉二則闕，實止一百一則。《葉志》內載

南宋末年邵武坊刻本，題一百三則、二則原闕。則自宋以來所存即一百一首。《四庫總目》云此書凡有二本，一為明景泰間河東邢讓鈔本，一為毛本。並疑毛本出江蘇省蘇天爵家藏本。按蘇氏藏本凡百四則，並非毛本所出已明矣。邢讓鈔本現不存，然中圖所藏明成化十一年馮師虞刊本，末有邢讓跋，當即據邢讓鈔本而刻。今考成化本，雖於書首何宜序及目錄之首均題：「凡一百三首，二首原闕」，然書內實收一百四則。以核毛刻，所多者乃卷十八末之〈戲贈詩〉，毛刻將此詩置卷末自跋內，稱是由抄本所得。按此詩《陳錄》即載之，云乃集中獨有之詩，並已斷其為偽。則此詩自來即應有，後或因非其作而刪去。現成化本題百三則，而實收百四則，殆又據他本補入此詩。毛刻內所收歐陽修序及邢讓跋，亦是成化本所有，當亦出邢讓鈔本，然未因成化本將〈戲贈詩〉列於卷內。毛刻內又有宋濂跋，為成化本所無，或又據他本補入。毛跋除由抄本錄〈戲贈詩〉一首外，又由《傳燈錄》內得〈贈藥山僧〉一首、由《韓文公遠遊聯句》內得習之詩句一聯。然《傳燈錄》內所載，實非習之所作，《四庫總目》提要已詳論之。

《孫可之集》十卷

唐孫樵撰，樵字可之，又字隱之。首冠中和四年樵自序，末有毛跋。此集《新唐志》、《通志》、《晁志》、《通考》俱作《孫樵經緯集》三卷，與孫序不合；《陳錄》載《孫樵集》、《國史經籍志》載《可之集》，皆十卷，與孫序合；《四庫總目》所載，即據汲古刻本。按《經緯集》即《孫可之集》之別名，《葉志》載《孫職方集》不分卷本，又是異名之本。毛氏跋謂其所據乃震澤王守溪從內閣錄出者，則其所據乃是傳鈔之本。按王守溪即王鏊，曾於正德十二年將其從內閣抄出之本付與王直夫刊刻，現中圖所藏王鏊刊本即此。今取《續古逸叢書》內所收此集宋本以校正德本，內容大致皆合，則王鏊所據之內閣本，應是宋本。又取以校毛本，則毛本卷二、卷三恰與宋本相互顛倒，且卷八〈唐故倉部中康公墓誌銘〉「楊巖」以下脫二十四字。按正德本與毛本所據，雖皆出王鏊所錄之本，然正德本合宋刻，而毛本則有訛脫，應是刊刻之誤。

《皇甫持正文集》六卷、《補遺》一卷

唐皇甫湜撰，湜字持正。末有毛氏跋。此集《新唐志》、《國史經籍志》著錄三卷，《宋志》著錄八卷；《晁志》、《陳錄》、《通考》皆作六卷，《晁志》云：「今集雜文三十八篇」，與現所見本合，《四庫總目》亦以其本著錄，則自宋以來，所傳即此六卷三十八篇之本。按湜曾撰〈福先寺碑〉，其碑至五代時始亡，然此碑文不見於傳本中，晁氏亦未及見之，故《四庫總目》斷此集乃宋時重編，已非唐本之舊。惟毛

氏此刻多補遺一卷，乃前所未見，毛跋亦未言及，不知是否爲毛氏所輯附。按《四部叢刊》收有影宋刊本，取以校毛本，則篇章次第皆同，且毛刻每卷卷目連接正文，一依宋版舊式，則毛氏所據，必爲宋刻。瞿氏又曾以錢曾王所藏舊抄本校毛本，云卷一〈東還賦〉「尼父聘兮蔡陳一」下毛本脫二十一字，卷二〈送丘儒序〉「一人不知子也」下毛本脫十字。今按宋刻皆不闕，則毛氏所據雖善本，然其校刊仍屬艸率而未盡善。

《唐四名家集》十二卷

明毛晉編。

明末汲古閣刊本。

板匡高十九公分，寬十三、七公分。半葉十二行，行二十字。左右雙欄。版心線口，單魚尾下記書名卷次，再下記葉數。惟每卷首、尾兩葉單魚下刻「汲古閣」與「毛氏正本」字樣。前有扉頁，中間大字題「《唐人四集》」，右上小字題「毛氏正本」，左邊記四家集名及「汲古閣藏板」字樣。每集前皆有總目。

此編乃毛氏集唐人詩集四種而成，每種皆是直據宋本重梓，宋刻內之避諱字如貞、敬、眞等，此刻仍存其舊，且校勘亦甚精審，爲汲古閣刻本中不可多得之善本。惟此編流傳甚少，蓋相傳毛晉有一孫性嗜茗飲，購得洞庭山碧蘿春茶，虞山玉蟹泉水，獨患無美薪。因顧《四唐人集》板而嘆曰：「以此作薪煮茶，其味當倍佳也。」遂按日劈燒之。故汲古此刻歷來罕見，子晉之孫焚琴煮鶴，眞藝林一大憾事。汲古此刻現中圖及史語所皆有收藏，民國十五年上海涵芬樓亦曾據以影印行世。茲將此刻四種，分別論述如下：

《竇氏聯珠集》不分卷

唐竇叔向五子常、牟、群、庠、鞏撰，唐褚藏言輯。首冠《唐書·竇群列傳》，每人集前皆有褚藏言題序，卷末有乾德二年和峴、淳熙五年王崧及無年月毛氏三跋。其書《新唐志》、《陳錄》、《通考》著錄，題曰五卷，蓋以每人別立爲一卷。《中興館閣書目》、《宋志》則著錄一卷，《四庫總目》據毛本著錄，然題五卷。按褚藏言編成此集後，流傳未廣。宋初和峴於致政大夫張昭處借得此書，令扎吏抄錄，並親加校勘，而爲之跋。至淳熙五年，王崧得和峴抄本，始刊此書於蘄州，爲此書之首次有雕板，王崧並跋其尾。後毛氏得此蘄州本，遂據以重刊，並附加〈竇群列傳〉於首，而於其跋內錄《容齋隨筆》及《唐詩紀事》內所附載之叔向詩九篇、竇鞏詩六篇，以補原書之闕失。惟據《四庫總目》云毛本末有晉高祖天福三年張昭跋。今傳本則未見。

《李長吉歌詩編》四卷《集外詩》一卷

　　唐李賀撰，賀字長吉。首冠太和五年杜牧序，末有大觀二年鮑欽止跋及無年月毛氏兩跋。其書《唐志》作《李賀集》五卷，《晁志》著錄則《李賀集》四卷、《外集》一卷，《通考》因之；《陳錄》則作《李長吉集》一卷，當係字之誤。《宋志》作《李賀集》一卷、《外集》一卷，則《正集》一卷仍當係字之誤。《四庫總目》著錄曰《昌谷集》四卷、《外集》一卷，按《昌谷集》即此集之別名。由杜牧序，知此書乃李賀自編以授沈子明者。沈子明云其所得凡四卷二百二十三首，今本則《正集》四卷二百十九首，《外集》一卷二十三首，與杜序所言不合。按鮑欽止跋《集外詩》云是賀鑄氏得於梁鐸氏。則李賀所自編者僅四卷二百二十三首，後卷帙失散，後人再輯爲《集外詩》一卷，而卷帙篇章皆非原書之舊。鮑欽止曾多採諸本，親加校訂此書，毛氏此刻，即是據鮑欽止手校本，再參以先前所得之會稽本、臨安陳氏本而梓，刊刻可謂至爲精善。

《唐風集》三卷

　　唐杜荀鶴撰，荀鶴號九華山人。首冠顧雲序，卷末有毛氏跋，皆不署年月。其書《唐志》不載，《晁志》著錄十卷，《通考》因之，《陳錄》作三卷、《宋志》作二卷、《國史經籍志》則作《杜荀鶴詩》一卷，蓋歷來卷帙分合有異。《四庫總目》則據毛本著錄。按毛跋未言其刊刻所據，然此刻每卷間只間隔一行，未另起一頁，仍爲唐宋舊式。

《唐英歌詩》三卷

　　唐吳融撰，融字子華。首有《唐書》吳融本傳，爲毛氏所增附。末則有毛氏兩跋，均無年月。《新唐書》著錄《吳融詩集》四卷，《陳錄》、《通考》著錄《唐英集》三卷，《國史經籍志》則作《吳融詩》四卷，《四庫總目》則據毛本著錄。按毛跋亦未言及此刻所據，惟此刻每卷間亦僅隔一行，仍唐宋舊式。鄭德懋於其《汲古閣刻板存亡考》內云《四唐人集》中以此本爲最善。蓋歷來傳本多闕文，即如席氏《百家唐詩》內所刻，亦空白多至二、三百字。則毛氏此刻，實可寶也。

《五唐人集》廿五卷存兩種四卷

　　明毛晉編。

　　明末汲古閣刊本。

　　板匡高十八、八公分，寬十四、三公分。半葉九行，行大、小字皆十九。左右雙欄。板心花口，無魚尾，上象鼻刻書名，中記卷次及葉數，下象鼻刻「汲古閣」

三字。《追昔遊詩》前有扉頁，大字題書名。每集前皆有總目。

此刻乃毛氏輯《孟襄陽集》三卷、《孟東野集》十卷、《金荃集》七卷《別集》一卷、《追昔遊詩》三卷及《香奩集》一卷而成。其刻傳本甚罕，現僅史語所藏有《追昔遊詩》及《香奩集》二種，餘皆不得見。武進陶氏云此編乃「晉彙集依宋本重雕」，然集末毛氏跋均未言其刊刻源起，所存兩種內亦不見其「審定宋本」等之牌記，則此刻所據，已不可考；其未得見之三種，亦不知其詳。茲將現所得見之兩種，論述於次：

《追昔遊詩》三卷

唐李紳撰，紳字公垂。卷末有毛氏跋。其書《新唐志》、《晁志》、《陳錄》、《通考》、《國史經籍志》及《四庫總目》著錄。按《晁志》所載本前有開成戊午紳自序，毛跋亦有「其平生歷官及遷謫略見本序」之語，然今本未見。或毛本曾刻紳自序，惟現存之本闕佚？

《香奩集》一卷

唐韓偓撰，偓字致光。首冠偓自序，末有毛氏跋，皆無年月。其書《新唐志》、《晁志》、《通考》、《宋志》、《國史經籍志》著錄，惟晁、馬兩家未題卷數。《四庫總目》則別載《韓內翰別集》一卷，而略論此集於末。蓋此集與其文集歷來別行，未彙為一編。此書沈括、劉潛夫疑為和凝撰而冒韓偓之名，實此集為偓自撰，毛跋已詳論之。

《唐人八家詩集》四十二卷

明毛晉編。

明崇禎十二年汲古閣刊本。

板匡高十九、五公分，寬十四公分。半葉十二行，行二十字。左右雙欄。板心小黑口，單魚尾下記書名及卷次，再下記葉數。惟每卷首、尾兩頁板心魚尾下刻「汲古閣」及「毛氏正本」字樣。除《李義山集》外，每書首卷次行皆有題撰者名銜。通編無毛氏之題名及跋文，而首冠崇禎十二年楊文驄總序。每集前各有目，間有序跋。

此編乃毛氏輯中晚唐詩八種而成。此八集之刻，多未盡善，有據善本而臆改者，如《長江集》；有擅改舊帙次第而隨意合併者，如《李文山集》；有文多闕漏者，如《丁卯集》、《碧雲集》等。然亦有頗善之本，如《甲乙集》；亦有歷來罕傳之本，如《碧雲集》、《許昌集》、《臺閣集》等，毛氏皆搜求舊帙而刊刻。則此刻雖未可稱為

善，然於輯裒保存之功，實不可滅。惟毛氏皆未言明所據之本為何，是所不可取。今此刻僅中圖藏有一部，茲分別論述如下。

《李文山詩集》三卷

唐李群玉撰，群玉字文山。首冠李群玉〈進詩表〉、〈敕旨〉、〈令狐綯薦狀〉及〈鄭處約所行制詞〉。按《新唐志》載《李群玉詩》三卷、《後集》五卷，《國史經籍志》及《四庫總目》所載同；《宋志》作《詩集》五卷、《後集》五卷；《晁志》則載一卷，《通考》因之；《陳錄》則作三卷。考李群玉〈進詩表〉言上其「歌行、古體、今體七言及今體五言四通等，合三百首」。按《四庫總目》云通即唐時稱卷，則文山所進之詩原為四卷。今所見之宋本皆《正集》三卷、《後集》五卷，且所收詩僅二百五十餘首，皆非原書之舊矣。毛氏此刻僅三卷，與《陳錄》所載合，然毛氏所據是否即陳氏所見本，則不得而知。現中圖藏有影鈔宋陳宅書籍舖本，取以校毛本，則相異甚鉅。宋本《前集》三卷乃歌行古體、今體七言、今體五言各一卷，《後集》五卷則未分體；毛本則合宋本之前、後集，以五言、七言之古體、今體、絕句六種分統其詩，而併為三卷，已改宋本舊次。蕘圃曾以毛本校宋本，云毛本「以意改之，其異不可勝記，其謬不可勝言」。惟考《蕘圃藏書題識》又曾言其有毛鈔本《李群玉詩集》三卷、《後集》五卷。則毛氏亦曾得宋本，然竟未據以刊刻，未悉其故。

《長江集》十卷

唐賈島撰，島字閬仙，或作浪仙。首冠大中八年〈唐宣宗賜賈島墨制〉及無年月王遠跋；卷末又有紹興二年王遠後序，並附蘇絳撰〈賈公墓誌銘〉、《新唐書‧賈島傳》及韓愈撰〈送無本師歸范陽〉一詩。其書《新唐志》、《晁志》、《陳錄》、《通考》、《崇文總目》、《國史經籍志》及《四庫總目》著錄；惟《宋志》載一卷，與諸本不合，當係字之誤。按由各書志所載，此集傳世者應無別本。《文祿堂訪書記》著錄有清錢求赤校汲古閣本。錢氏手跋曰：「右目錄亦炤古本刪定。古本目錄自有體裁，毛氏必欲增改，何也？噫！」又跋曰：「毛氏此刻，稍稱近古，而謬以己意妄改，頗為不少。其間一字一句，幾于不通，其誤讀書家，何可勝道，余故一一是正。」據此，則毛本雖仍十卷，然內容必已與舊本多有不合。惜錢氏所謂古本，今不得見，現亦無宋本留傳，究其異同如何，已不得而知。《四庫總目》論此集曰：「所收詩三百七十八首，卷三〈送無可上人詩〉下自註一絕云：『二句三年得，一吟雙淚流，知音如不賞，歸臥故山秋』，加此一首即三百七十九首。又卷一〈劍客詩〉『誰為不平事』句，明代皆作『誰有』，此本仍作『為』」云云。按王遠後序云此集共收詩三百七十九首，今毛本共三百八十首，且卷三〈送無可上人詩〉下無《四

庫總目》所言之自註詩;「誰有」仍作「誰爲」。則毛本與《四庫總目》所載之本又異。今中圖藏有明仿宋刻末,取校毛本,則篇章次第全同,亦無自註詩,「誰有」仍作「誰爲」,則毛本或是自此明仿宋刊本出。惟明仿宋刊本卷首、卷尾均無序跋,墨制,誌銘等,然據王遠後序內有并刻舊傳墨制及蘇絳所撰墓誌銘、《唐書》本傳、韓昌黎〈送行詩〉之語,則明仿宋刊本或已臆改宋刻,而毛本亦不知是否曾參校他本。

《臺閣集》一卷

唐李嘉祐撰,嘉祐字從一,或曰名從一。首冠建炎二年謝克家序。《晁志》載《李嘉祐詩》二卷;《陳錄》則作《李嘉祐集》一卷,並曰亦號《臺閣集》,《通考》因之;《四庫總目》則未著錄。按謝氏序曰:「右唐李嘉祐詩一卷,以數本參校既定,李肇記王維『漠漠水田飛白鷺,陰陰夏木囀黃鸝』之句本之嘉祐,而卷中亦不復見。然《中興間氣》若南薰可錄無遺,則當時所傳即此,其放失已多」云云。則此集南宋初年嘗刻,現所傳者,皆因南宋之本。雖歷來卷數或異,殆皆卷帙分合之故,內容實無所異。《丁志》載此集明活字二卷本,云曾校以東山席氏所得之影宋本,雖活字本分體分卷,而收詩則悉同,可證也。毛氏此刻不知何據,惟《汲古閣珍藏秘本書目》內有影宋鈔本,未題卷數,或即毛氏所據耶?

《李義山集》三卷

唐李商隱撰,商隱字義山。此集前後無序跋,卷首亦不題名銜。按《新唐志》、《晁志》著錄《玉溪生詩》三卷,《陳錄》、《通考》作《李義山集》三卷,《宋志》及《四庫總目》則皆載其《詩集》三卷。此書自宋以來流傳皆是三卷本,毛氏此刻因之,然不知所出何本。

《丁卯集》二卷

唐許渾撰,渾字用晦,或作仲晦。此集前後亦無序跋。按《新唐志》、《晁志》、《陳錄》、《通考》及《國史經籍志》俱著錄二卷,《宋志》則題《許渾詩集》十二卷,十或爲衍文;《四庫總目》所載則《丁卯集》二卷、《續集》二卷、《續補》一卷、《集外遺詩》一卷。《陳錄》云蜀本又有《拾遺》二卷,則世傳《丁卯集》應有二卷本與附《拾遺》本二種。毛本收七言雜詩一卷、五言雜詩一卷,凡三百餘篇,與《四部叢刊》所收影宋寫本相合,則毛本應是從宋本出之二卷本。現故宮所藏《四庫》本,其中《正集》二卷與毛本略同,而其所附之《續集》,《四庫總目》云當即陳氏所云《拾遺》而後人改題。則《四庫》所收之本應是因有《拾遺》之蜀本而來,並附加後人所輯之《續補》及《集外遺詩》而成。《晁志》稱:「近得渾集完本,五百篇皆

在，然止二卷」。或即是併《拾遺》為二卷者，《四庫總目》云《晁志》或誤三為五，則未必也。毛氏此刻僅收二卷，較之附有《續集》等之本，闕失甚多，實未能稱完備。後其子毛表曾據宋本與毛刻相校，正改訛字二十三，並曾由鈔本錄《續集》一卷附之。則或毛晉刊此集時，止見宋二卷本，而未及見附有《續集》之本。

《甲乙集》十卷

唐羅隱撰，隱字昭諫，本名橫，以十舉不中策而更名。此集前後亦無序跋。按其書《唐志》未著錄，《宋志》不載《甲乙集》，惟有《歌詩》十四卷；《晁志》載《甲乙集》十卷；《陳錄》於別集類載《羅隱集》，內有《甲乙集》十卷，並曰《甲乙集》皆詩，又於詩集類載《羅江東集》，亦十卷。《四庫總目》所載僅《羅昭諫集》八卷，其中有《詩集》四卷，而未收此集。此集現可得見最早之本，即《四部叢刊》所影印之宋書棚本。其本原為常熟瞿氏所藏。以校毛本，則篇章次第均合，殆毛本從宋本出。瞿氏亦曾以此宋本校毛本，曰毛本於詩句下有註「一作某」者，宋本皆無，兩本互有勝處。並載毛本訛誤處如〈詠繡〉「洞房西室女工勞」毛本誤工為綠、〈銅雀畫〉「花開花落淚滿纓」毛本誤纓為緺……等九處。則毛本所誤尚不多。又《四庫總目》云《羅昭諫集》八卷內之詩四卷，與毛氏所刻《甲乙集》合。則又非是。蓋《四庫》所收本乃依體編次，毛本則不分體，且篇章次第全異，所收亦互有出入，而未如宋本及毛本之完備。

《許昌集》十卷

唐薛能撰，能字太拙。首冠咸平六年張詠序，末有紹興元年陸榮望跋。此集唐、宋、明史志均不載，《四庫》亦未收，僅《晁志》、《陳錄》、《通考》及《國史經籍志補》載之，均十卷。《秘書省續四庫書目》及《國史經籍志》則載《許昌詩》一卷，均未署撰者名。按張序曰其與同列合能詩五言、七言二韻至一百韻共四百四十八篇，依舊本例編為十卷，刊於三川云云。陸跋則曰其現全集因精麤各半，乃刪其瑕類之作，獨取二百三十章云云。據此，則此集初編刊於咸平年間，紹興間又經陸氏刪訂，則已非完本。今毛本共收二百四十七首，視陸氏刪本略增，則不知據何本而刻。宋刻現已不得見，《丁志》及陸氏《儀顧堂題跋》載有影鈔宋本，陸氏曾以其所藏鈔本校毛本，云其謬奪處不少，並列舉其闕誤者如卷一「結銜節度使」上脫「許昌軍」三字、「薛能」下脫「太拙」二字、「應似五絃琴」句「似」謬「以」……等。又陸氏《皕宋樓藏書志》內載陸敕先校宋本，曰有無名氏跋云據毛本校舊抄本補毛刻所無之序跋。《儀顧堂題跋》亦云其所見之毛本無序跋。按中圖藏本毛刻序跋俱在，或陸氏藏本有所缺脫。

《碧雲集》三卷

唐李中撰，中字子庸，諡莊介。首冠開寶六年孟賓于序。《晁志》著錄《李有中集》二卷，註曰有中與晉天福中進士孟賓于友善，而《有中集》內有贈韓、張、徐三舍人詩，且〈春日詩〉有「乾坤一夕雨，艸木萬方春」之句云云。按《晁志》所言皆見今本《碧雲集》，則有中亦爲其字。是集諸史志未載，《四庫》亦未收。此集傳本較罕，舊本僅史語所藏有宋書棚本。孟序言其以中五七言兼六言得二百篇，目曰《碧雲集》云云。惟不知其所編原爲二卷或三卷耳。《四部叢刊》收有蕘圃所得宋本，亦三卷，以毛本校之，則毛本所闕甚多。又《蕘圃藏書題識》云：「余見毛刻《碧雲集》，知多闕文，及獲見此集宋刻，初不解毛氏何以有闕，想別有所本也。迨夏間坊友以毛藏舊抄本來，始知毛刻據元本，故所闕如此」云云。據此，則《汲古閣珍藏秘本書目》內所載之舊抄本，係據元本而抄，亦毛氏此刻之所據。雖宋本出而知毛刻非佳，然此集向來罕見，毛氏刻而廣之，亦有其功。

《唐三高僧詩》三種四十六卷

明毛晉編。

明末汲古閣刊本。

板匡高十九公分，寬十三、六公分。半葉八行，行十九字。左右雙欄。版心花口，無魚尾，上象鼻刻書名，中記卷次及葉數，下象鼻刻「汲古閣」三字。每集卷首均有傳，卷一次行均有撰者之題名；《禪月集》每卷末行下題曰「海虞毛晉訂」，餘集則無。

《四庫總目·白蓮集》提要曰：「唐代緇流能詩者眾，其有集傳於今者，惟皎然、貫休及齊己」云云。毛詩此編所收之《禪月集》、《杼山集》及《白蓮集》，即此三僧之作也。昔皆單行，至毛氏此編出，方彙於一處。其中《禪月集》原爲三十卷，然自明以後，所存僅二十五卷，已佚其〈文贊〉。毛氏所刻，即依宋本之二十五卷，並附其所輯《補遺》一卷而成。至《杼山集》及《白蓮集》，所據亦是足本，雖終難免有字句之訛誤，然尚可稱爲善刻。此編僅中圖藏一部，現分別論述於下：

《禪月集》二十五卷、《補遺》一卷

唐僧貫休撰，貫休字德隱，俗姓姜，入蜀後稱禪月大師。首冠乾寧三年吳融序，末有蜀乾德五年曇域後序、嘉熙二年童必明、周伯奮跋、四年僧可燦重刊題記，及無年月毛氏兩跋。此集唐、宋史志不載，《晁志》著錄三十卷，《國史經籍志》同，惟名《禪月詩》：《陳錄》則作十卷；《通考》則作《寶月集》一卷，《四庫》以曇域不云有此集，因疑馬端臨誤。《四庫》所收，即據毛氏所刊二十五卷附《補遺》一卷

之本。按《唐詩紀事》載貫休之作名《西嶽集》十卷,現《四部叢刊》所收影宋鈔本,於書首吳融序前註曰:「舊《西岳集》」,且吳融序亦曰:「貫休袖出歌詩艸一本,曰《西岳集》」云云。是此集原名《西岳集》,或僅十卷。按唐安和寺住持貫休生前即已編成《西岳集》,吳融序之;貫休卒後,其弟子曇域乃重編其詩歌文贊約一千首,改題曰《禪月集》,總三十卷,於蜀乾德五年刊刻以行世,並撰後序附之;至南宋嘉熙二年,安和寺改名為兜率禪寺,其住持可燦禪師欲重梓是集,童必明乃以家藏本跋而與之,遂據以鋟梓,附以周伯奮之跋,至嘉熙四年而告竣;明末毛氏又欲梓是集,然大索十年,僅得可燦禪師重刊本之殘帙二十五卷,蓋文贊及〈獻武肅王師〉五章章八句已佚。毛氏遂據殘帙重梓,復搜其逸詩,再成《補遺》一卷益之。今考此刻,卷一題「樂府古題雜言三十首」,然卷內實止二十八首;卷二題「古風雜言二十首、古意九首」,卷內實共三十首;卷十六題「五言律詩三十首」,卷內僅止二十八首。取《四部叢刊》所收影宋鈔本二十五卷核之,與毛刻悉合,則可燦重刊此集時,已於曇域所編舊本有所更易。又毛本於曇域後序之末附有〈後序贈詩柳僉〉一首(按此首有目無詩)、楊傑一首、江衍二首,為《四部叢刊》本所無;然《四部叢刊》本後有嘉熙二年余燦,三年祖聞、徐琰,四年紹濤及無年月師保五跋,則為毛本所無。又《四庫總目》云此集刊版始於唐末,是則傳播古書,自刻傳集實自此集始。

《杼山集》十卷

唐僧皎然撰,皎然初字清畫,晚年則名晝,字皎然,俗姓謝。首冠唐于頔序,末有毛氏兩跋。此集《唐志》作《皎然詩集》十卷,《國史經籍志》同,《晁志》、《通考》著錄則名《皎然杼山集》;《宋志》未收,《陳志》著錄《吳興集》一卷,不詳所出。《四庫總目》則據毛本著錄。按此刻于頔序內桓字有闕筆,則毛氏所據乃是宋刻。卷末並附有補遺詩五首,據毛氏跋,乃其自《唐詩紀事》中輯出者。

《白蓮集》十卷

唐僧齊己撰,齊己自號衡岳沙門,俗姓胡。首冠晉天福三年孫光憲序,末有毛氏兩跋。此集《唐志》不載,《陳錄》、《通考》、《宋志》、《國史經籍志》及《四庫總目》均載之,惟《宋志》名之曰《僧齊己集》。按孫光憲序曰:「齊己門人西文編成此集十卷,共八百一十篇,題曰《白蓮集》」云云。今考此集,實止八百五篇,已與孫序不合。復按《四庫總目》云:「前九卷為近體,後一卷為古體,古體之後又有絕句四十二首,疑後人採輯附入」。若將卷十附入之絕句四十二首除去,則所闕更多,是今傳此集已非原本之舊。毛氏跋曰:「丙寅(天啓六年)春杪,再

過雲間，搜得《白蓮集》六卷，惜其未全，忽從架上墮一破簏，復得四卷」云云，然終未言其所得爲鈔本抑刻本。現《四部叢刊》所收明鈔本，與毛本篇章次第悉合，是所出相同。惟據《四部叢刊書錄》云：「取汲古閣本對校，有彼本字闕而此本尙存者，此外足以正汲古本譌誤處甚多」。則汲古所刻，校刊未甚善。又《四部叢刊》所收本及《愛日精廬藏書志》內所載舊抄本，後皆附有《風騷旨格》一卷，毛氏則將此卷別行，刊入《津逮秘書》中。

《唐人選唐詩》八種二十三卷。

明毛晉編。

明崇禎元年汲古閣刊本。

板匡高十九、一公分，寬十三、七公分，半葉八行，行十九字。左右雙欄。版心花口，無魚尾，上象鼻刻書名，中記卷次及葉數，下象鼻刻「汲古閣」三字。前有扉頁，右側大字題「《唐人選唐詩》」，左側則列所收各集之目。首冠崇禎元年魏浣初序、同年毛晉總跋。每集卷首皆有姓氏總目、目錄及編者題名。每集之末又各有毛氏跋。

此編所收凡八種，皆唐人自選編唐詩，而毛氏彙刻者也，每集刊刻所據之本，毛氏皆未言明，僅知其取《御覽詩》、益以宋刻本《才調集》，及其舅氏魏浣初所藏其餘六種而訂梓。此八集中，《篋中集》、《才調集》、《極玄集》皆是據宋元舊帙訂梓，堪稱善本；《御覽詩》雖略有闕，然終不失原書之舊。惟《中興間氣集》、《河嶽英靈集》、《國秀集》及《搜玉小集》，皆不據善本，尤以《搜玉小集》之擅改古書次第，更不可取。一編之內，優劣參半，刊刻實不足以稱精審。其本現中圖藏有三部，其中一部殘，故宮亦藏有一部。茲將此八集，分別論述於下：

《御覽詩》一卷

唐令狐楚輯，楚字穀士。卷末有紹興二十五年陸游跋、慶元四年陸游再跋及崇禎元年毛晉跋。此集《唐志》不載，《陳錄》、《通考》及《四庫總目》均著錄，《宋志》則著錄其歌詩一卷。《陳錄》云此集一名《唐新詩》（按《四庫》及陸游跋均作《唐歌詩》），又名《選進集》，又名《元和御覽》。蓋此集乃元和年間楚奉敕編進者也。陸跋云：「案〈盧綸墓碑〉云：元和中章武皇帝命侍臣採詩第名家，得三百十一篇。……而此才二百八十九首，蓋散佚多矣」云云。據此，則宋時此集僅存此二百八十九首。今宋刻不得見，存世者僅毛氏此刻及故宮所藏《四庫全書》本。《四庫總目》云其本曰：「收三十人，二百八十九首」。今考其本，所收凡三十人，然僅二百八十六首。取以校毛本，則篇章次第，以至詩下所註無一不合，且毛本亦二百八十

六首。則不知《四庫》所收本即是毛本否，抑宋以降此集復有闕佚？

《篋中集》一卷

唐元結編，結字次山。首冠乾元三年元結自序，末有崇禎元年毛氏跋。此集《新唐志》、《中興館閣書目》、《陳錄》、《通考》、《國史經籍志》及《四庫總目》著錄。《館閣書目》入之別集類，似以其爲元氏自撰，《陳錄》已斥其非；《國史經籍志》後又重出此集，題曰三卷，不知何故。元結自序曰：「盡篋中所有，總編次之，命曰《篋中集》，凡七人，詩二十四首」云云。按此刻所收，正七人二十四首，與元序合。現存世者，除毛本外，僅故宮所藏《四庫》本，與毛本悉合；《丁志》載影鈔宋書棚本，亦是七人二十四首。則此集自元結編輯以來，皆無缺失。毛氏此刻，雖不知所據，然尚是原書之舊。

《才調集》十卷

唐韋縠編。首冠無年月韋縠自序，末有崇禎元年毛跋。此集《唐志》不載，《陳錄》、《通考》、《宋志》、《國史經籍志》及《四庫總目》均著錄。惟《宋志》題曰《韋縠唐名賢才調詩集》；陳、馬兩家亦作韋縠爲韋穀。韋氏自序曰：「今纂諸家歌詩共一千首，每一百首成卷，分之爲十，目曰《才調集》」云云。今考此刻，與韋序悉合。按萬曆四十六年時，沈雨若曾購得是集重刊，並與毛氏共賞，然毛氏於其刻意殊未愜；十年後，毛氏偶於楮中覓得舊本，以之參唐名賢舊集標格，無不印合，遂訂梓以行。按毛本卷內題詩下多自註時本如何如何，卷二無名氏詩十三首下更註曰：「時刻詮次不倫，依宋刻釐正」，則毛氏所得之舊本，當係宋刻。今存世宋本此集，僅《四部叢刊》所收之述古堂影宋本。取以校毛本，則篇目之次第及詩數完全相同。然毛本與此影宋本間有數處相異，如卷一〈秦中吟序〉，毛本作「有足悲者，因直歌其事，命爲秦中吟」，影宋本則作「有足悲者，略舉其事，因命爲秦中吟焉」；又如卷二無名氏詩十三首，雖所收二本悉同，然次第全異。凡此類差異，書中屢見，則毛氏與述古堂所見宋本必不一。且由毛氏自註內多言時刻云云，亦知此集流傳甚廣。毛氏雖未言此刻係據宋代何本，然能以宋本校時本之誤、釐正時本之次第，亦可謂汲古刻中之善本。

《極玄集》二卷

唐姚合撰，合世稱之姚武功。首冠至元五年蔣易序，末有崇禎元年毛氏跋。此集《新唐志》、《陳錄》、《通考》、《宋志》、《國史經籍志》皆著錄一卷，且除唐、宋二志外均題《極元集》，蓋避宋帝先祖諱也。《四庫總目》著錄仍題《極元集》二卷，則應是避康熙帝諱。按《瞿目》所載明鈔本、《丁志》所載萬曆刊本皆二卷，則此集

自明以後釐爲二卷。毛跋曰：「武功自題云此皆詩家射雕手也，凡二十一人，共百首，今已缺其一」云云。今考此刻，凡二十一人，詩九十九首，《四庫》本亦同。然《陳錄》所載仍曰詩百首，《通考》引之而未改，則此一首之佚當在元後。毛跋又云：「向傳姜白石點本最善，竟不行於世，近坊間贋刻之行日以長僞，何如原本之藏，適以存眞」云云。據此，則毛氏所據猶爲善本，而由其書首冠元蔣易序，則毛氏所據應是元本。又此集每人名下多註其字號爵里登科年等，總集兼具小傳，實自此集始。

《中興間氣集》二卷、《補遺》一卷

唐高仲武編，《補遺》則毛晉所輯。首冠無年月仲武自序，末有元祐三年曾子泓跋及崇禎元年毛氏兩跋。此集《新唐志》、《晁志》、《陳錄》、《通考》、《宋志》、《國史經籍志》著錄，惟晁、馬兩家作三卷。按仲武自序已云列此集爲二卷，則晁、馬兩家誤。《四庫總目》則按毛本著錄。仲武自序曰：「選二十六人，五言詩一百四十首，七言詩附之，列爲二卷」云云。按此刻所收僅五言詩一百三十二首，且無七言詩，《陳錄》亦云「詩共一百三十二首」，則自宋以降此集即已闕而未全。今《四部叢刊》內收有明翻宋本，篇章次第與毛本悉合，所收詩亦百三十二首，雖刻內互有異字，然二刻皆闕卷上張衆父、章八元、戴叔倫三人、及卷下劉灣、孟雲卿二人之評傳；《四庫總目》云卷上朱灣「詠玉」一首應作「詠三」，此二刻則皆作「詠玉」。據此，毛本應即自此明翻宋本出。卷下末毛跋曰：「家藏三本，俱逸五人評語，後於肆中得一舊抄本，後有元祐曾氏跋。且向所缺張衆父、章八元、戴叔倫、孟雲卿諸評俱在，獨劉灣無考」云云。按毛刻內張衆父等四人名下註曰：「評載卷首」，則毛氏似原擬將評傳補刻於卷首，然未知何故，後改刻於《補遺》內。《四庫》所收毛本闕《補遺》，《總目》遂據毛跋而疑四人之評傳補後復闕，則非。此刻《補遺》除收四人評傳外，另收戴叔倫詩一首、鄭常詩三首。按《瞿目》內載何義門以述古堂舊藏影宋抄本校毛本，除多舉毛本之訛誤外，又較毛本及毛本所據之明翻宋本多章八元一首、朱灣一首、孟雲卿二首、李嘉祐一首。惜毛氏未及見。

《河嶽英靈集》三卷

唐殷璠撰。首冠無年月璠自序、集論，末有崇禎元年毛氏跋。此集《新唐志》、《陳錄》、《通考》及《宋志》俱著錄二卷，《國史經籍志》作五卷；《四庫總目》則據三卷本著錄，而論此書乃因鍾嶸《詩品》之例分爲三卷，且以《通考》所載二卷爲字之誤。按由《唐志》至《通考》所載皆二卷，《四庫總目》之說，恐失本意。蓋《蕘圃藏書題識》內曾載此集毛斧季校舊抄本二卷，並曰：「近人撰集書目僅據俗本分卷之三，而爲之說曰：推測其意，似以三卷分上中下三品。奚啻癡人說夢」云云。

則此集原本應是二卷，惜毛氏未見舊本，仍刻成三卷。殷璠自序云：「此集便以河嶽英靈爲號，詩二百三十四首，分爲上中下卷」云云。按《四部叢刊》收有明翻宋本，其篇章次第與毛本悉同，殆即毛氏所據。惟其本殷序但稱「分爲上下卷」，毛氏爲合三卷之數，竟臆改爲「分爲上中下卷」，實妄謬已極。又殷序、《陳錄》及《四庫總目》均言此集凡詩二百三十四首，此刻則止二百二十九首。則明翻宋本非但擅鱉舊本卷帙，且所據非足本，毛氏復據之重梓，甚又妄改，則更非善本。

《國秀集》三卷

唐芮挺章編。首冠樓穎序，末有元祐三年題大觀戊子冬賀方回傳於曾氏跋及崇禎元年毛晉跋。此集《唐志》不載，《陳錄》、《通考》、《宋志》、《國史經籍志》及《四庫總目》著錄。書首序未署名，由《陳錄》及卷末曾跋，知是樓穎所撰。序曰：「於天寶三年，編次見在者凡九十人，詩二百二十首」云云。按卷末曾跋即云大觀年間賀方回傳此集時，已名欠一士而詩增一篇。則宋時已非原書之舊。今毛本所收凡八十五人，詩二百十八篇，則更非舊帙。《四庫總目》及《丁志》均言其所載本凡八十五人，詩二百十一篇，是此集歷來變異甚大，終未得原書眞目。其書《四部叢刊》收有明刊本，篇章次第與毛本悉合，亦收二百十八篇，則毛本殆即從明本出。

《搜玉小集》一卷

不著編輯人名氏。末有崇禎元年毛氏跋。此集《新唐志》著錄爲《搜玉集》十卷，當係字之誤；《通志》、《陳錄》、《通考》及《宋志》俱作《搜玉集》一卷；《國史經籍志》又作十卷，蓋沿《新唐志》之誤；《四庫總目》則據毛本著錄。此集現僅毛本存世，其所據何本，已不可考。然目錄後題「凡三十七人，共六十三首」，毛氏註曰：「今本三十四人，六十一首」（按《四庫總目》誤作六十二）；則此集已非原書之舊。又毛本未以人繫詩，與卷首所列舊本原目大異，則毛氏又曾以己意擅改，已亂原書之次第。惟毛氏於此集頗有考證，多有將溷入他人之詩加以訂正者。然卷內註曰闕者有胡鵠、王翰及李澄三人，所闕之詩則僅二首。故《四庫總目》云毛氏考訂亦未確，必有一人詩溷入他人名下，否則二首不足以分配三人。又《瞿目》內載有舊抄本，除毛本所闕之三人外，又闕陳子昂詩，然竟云存詩六十二首。則瞿氏所見本，又在毛本之下。毛氏此刻雖經校訂，終非完帙，僅可稱有存全舊籍於不滅之功。

《松陵集》十卷

唐陸龜蒙編，龜蒙字魯望，號江湖散人、天隨子、甫里先生。

明末汲古閣刊本。

板匡高十九、一公分，寬十三、五公分。半葉八行，行十九字。左右雙欄。版

心花口，無魚尾，上象鼻刻書名，中記卷次及葉數，下象鼻刻「汲古閣」三字。首冠皮日休序，未署年月，次目次。末有弘治十五年都穆跋及無年月毛氏跋。

　　此集《新唐志》、《晁志》、《陳錄》、《通考》、《宋志》、《國史經籍志》及《四庫總目》均著錄，乃皮日休、陸龜蒙二氏於吳江唱和之詩，由陸龜蒙編次者。按皮日休序言此集凡六百八十五首。然《晁志》曰共六百五十八首，《四庫總目》曰六百九十八首，毛氏此刻則六百七十八首。是此集已歷經後人更易增刪。毛氏跋曰：「皮襲美《文藪》與陸魯望《笠澤叢書》俱不載唱和詩，千百年後亦僅弘治間重梓，又滂滅不可得，余特購宋刻而付諸棗」云云。據此，則毛本乃直據宋本，附以弘治本之都穆跋而梓。《四庫總目》云：「今所行者皆毛本」。則毛氏此刻於舊笈之存全廣傳，堪稱有功。其本現中圖藏有五部，其中一部有陸貽典、毛扆、顧廣圻、黃丕烈等人手校並跋，誠可寶也。

《樂府詩集》一百卷

　　宋郭茂倩撰，茂倩字德粲。

　　明末汲古閣刊本。

　　板匡高十九公分，寬十四、四公分。半葉十一行，行二十一字。左右雙欄。版心小黑口，單魚尾下刻「樂府卷幾」及葉數，惟每卷首、尾兩葉魚尾下刻「汲古閣」與「毛氏正本」字樣。前有扉頁，中間大字題書名，右上角小字題「宋本勘定」，左下角小字題「汲古閣藏」。每卷首行大題書名卷次、次行題「太原郭茂倩編次」；卷末隔行再題書名卷次，次行則題「東吳毛晉訂正、男扆再訂」，惟九十六卷以下則改爲於卷末行題「《樂府詩集》卷第幾終、東吳毛晉訂正」。按據此則九十五卷以前殆毛扆校訂重印。首冠至元六年李孝光序，次目錄二卷，卷末有無年月毛氏跋。

　　此集《中興館閣書目》、《陳錄》、《通考》、《宋志》、《國史經籍志》及《四庫總目》俱著錄，惟《國史經籍志》誤題郭茂倩爲元人。毛跋曰：「此集至元間童萬元家本，凡目錄小序率意節略，歲月既久，黶滅不能句讀。因乞大宗伯錢師榮木樓所藏宋刻，手自讎正」云云。據此，則此刻乃據錢謙益家藏宋本而梓，並從元本增入李孝光序，冠於卷首。《五十萬卷樓藏書目》論毛本云：「此書收藏家皆尚元刻，今所流傳之元本，大抵皆明南監補版，闕字脫葉，多不可數，不如汲古閣本之精善。中吳許氏藏陸勑先校宋本，跋言毛氏依絳雲樓本重雕，又借郡中欽遠遊宋本比校，遠勝元本」云云。則此刻實汲古刻本中之善本。其本現中圖藏有三部，國防研究院藏有一部；《四部叢刊》亦據以影印。

《詩詞雜俎》十六種二十六卷

明毛晉編。

明崇禎間刊本。

板匡高十九、一公分，寬十三、五公分。半葉八行，行十八字或十九字。左右雙欄。版心花口，無魚尾，上象鼻刻書名，中記卷次及葉數，下象鼻刻「汲古閣」三字。其中《三家宮詞》及《二家宮詞》乃綠君亭刻本，故版式異於前，即四週單欄，版心上端題卷名，下端刻「綠君亭」三字及葉數。《三家宮詞》版心下間有記刻工如徐、范、汪等。每書之末均有毛氏跋。

毛氏跋《眾妙集》曰：「現正欲梓宋元人選唐詩，以繼昔曾梓之《唐人選唐詩》，此集其嚆矢」云云。今考此編，除《眾妙集》爲宋人選唐詩、《剪綃集》爲宋人集唐人詩句外，餘皆宋、元以後之詩、詞集，《三家宮詞》及《二家宮詞》更爲毛氏早年自輯而後收入此編者。則此編與毛氏原意相去甚遠，且所收至爲龐雜，實爲毛氏射利之本。其本中圖、故宮、史語所及國防研究院皆有收藏。茲將此編各集分別論述如下：

《眾妙集》一卷

宋趙師秀編，師秀字紫芝，號靈秀。末有毛氏跋。其書倪氏《宋志補》、《續通考》著錄，《四庫總目》則據毛本著錄。《四庫總目》論此書乃「偶爾選錄以自供吟詠，非有意勒爲一編，惟傳其詩法者轉相繕寫」云云。按此集歷來罕傳，至崇禎九年毛氏輾轉自馮定遠處得抄本付梓後，方始大行於世，毛氏於此集之廣傳，可謂有功。

《剪綃集》二卷

宋李龏撰，龏字和父，號雪林。末有毛氏跋。此集倪氏《宋志補》、《續通考》著錄，《四庫》收入存目。此集乃和父集唐人詩句之作，毛氏云其得於白門友人架上。按此集於毛本以前未見刻本，現所得見者亦僅汲古此刻。

《范石湖田園雜興詩》一卷

宋范成大撰，成大字致能，號石湖。首冠正德十六年都穆序、同年王鏊序，末有無年月范成大題跋。此集末無毛氏跋，蓋毛氏取此集與《月泉吟社》合刻，而總跋於《月泉吟社》之末。此書乃范石湖全集之一，舊無單行之本，故舊目均未載，今傳《石湖居士集》內有〈四時田園雜興〉六十首一卷，即此。按正德年間盧師邵得石湖手蹟〈田園雜興詩〉六十首，遂刊於石湖書院，都穆及王鏊序之。毛氏此刻，則又據以重刊。

《月泉吟社》一卷

宋吳渭輯，渭字清翁，號潛齋。首冠正德十年田汝耕序，末有毛氏跋。此集《續通考》及《四庫總目》著錄。月泉吟社乃吳渭所立之詩社，此集即詩社所徵之作。其書元時即有刻本，然經兵燹而泯沒，正統年間，渭孫克文得一元本，據以重刊，黃灝序之，正德年間，田汝耕又據正統本重刊，刪去黃序。毛氏則又據正德本重梓以行。

《谷音》二卷

元杜本編，本字伯原，號清碧先生。首有〈杜本傳〉，末有戊午年張槃跋、丙午年都睦跋及無年月毛氏兩跋。此集《續通考》著錄，《四庫》所收即毛本。按張槃跋曰：「右詩一卷，凡二十三人，無名者四人，共一百首，乃宋亡元初節士悲憤、幽人清詠之辭」云云。今考此刻，凡二十五人，無名者五人，詩一百零一首。則已經後人增衍，並釐為二卷。按王漁洋曾跋此書，云「此書毛氏汲古刻本最工」，現《叢書集成》即據毛本影印。

《清江碧嶂集》一卷

元杜本撰。首冠至正十七年蔣易序，次有杜本〈墓誌銘〉。末有毛氏跋。此集《續通考》著錄，《四庫總目》入之存目。按此集乃杜本門人程芳遠輯刻，蔣易序之。毛跋曰：「吳門顧禹功攜此集見示，乃朱堯民家藏本」云云。按《汲古閣珍藏秘本書目》內有朱堯民手抄本一部，則毛氏所據，乃朱氏影元抄本。

《河汾諸老詩》八卷

元房祺編，祺自稱橫汾隱者。首冠弘治十一年車璽序，末有大德五年房祺後序、皇慶二年高昂霄跋及無年月毛氏跋。此集錢氏《補元志》、《續通考》著錄，《四庫》所收即毛本。此集乃房祺於大德年間自編而成，皇慶二年，高昂霄梓之，至弘治十一年李叔淵又付謝景星重梓，車璽序之。此二刻本世皆罕傳，崇禎十五年，毛氏得林古渡、周浩若及釋道源諸人所藏抄本，雖皆殘闕，然相互勘校，即成完璧，毛氏遂梓之以行，此集方得以重行於世。按房祺序云有詩二百一首，今毛本僅百七十七首，則已非完帙。惟現存世之粵雅堂本、《四部叢刊》所收影元寫本亦皆百七十七首，蓋缺佚已久。

《三家宮詞》三卷

明毛晉輯唐王建宮詞百首、蜀花蕊夫人宮詞百首及宋王珪宮詞百首而成。乃毛氏早年所刊綠君亭刻本，後收入此編者。首冠天啓五年毛氏總序，王建宮詞末有一跋，未署撰人，《四庫總目》云是毛氏所撰；花蕊夫人宮詞後有三跋，亦皆未署撰人，

其一跋有「宋熙寧五年，令令史李希顏整理官書，得花蕊夫人手書宮詞」之語，《四庫總目》云熙寧五年檢校官書者爲王安國，則此卷末之跋或是王安國撰；王珪宮詞末又有一跋，曰：「時本誤刻珪詞爲花蕊夫人詞者四十一首，又移花蕊夫人詞三十九首入此集，再以唐絕二首足之，今悉釐正」云云，然亦未署撰人。按《陳錄》及《通考》已著錄此《三家宮詞》三卷，然此刻題毛氏輯，《四庫總目》亦據以著錄，疑宋時輯本已佚，毛氏重輯之也。又宋代曾有《十家宮詞》之刻本行世，清時曾多人覆刻，其中即收有此三家宮詞。惟今《十家宮詞》本不得見，未知其與毛本之異同。今考《藏園群書題記》，內載《三家宮詞》萬曆吳氏刊本，云以其校毛本，則毛本譌誤處甚多；以其校清覆宋本《十家宮詞》，則相同處十居八九。又《葉志》載《花蕊夫人詩集》一卷，亦云毛氏所刻與朱彝尊刻《十家宮詞》本相異之處甚多。據此，則此集實經毛氏編輯重訂，非據舊本重刻。現所見別行《三家宮詞》者，僅有毛本，《叢書集成》曾據以影印，掃葉山房本亦是據之重刊。

《二家宮詞》二卷

明毛晉輯宋徽宗宮詞三百首、楊太后宮詞五十首而成。此本亦是毛氏早年綠君亭所刻，後收入此編中者。宋徽宗宮詞後有宣和六年帝姬長公主跋及無年月毛氏跋。楊太后宮詞末則有無年月潛夫跋及毛氏兩跋。按此集乃毛氏首彙，故明以前諸目不載，《四庫》所收即是毛本。其宋徽宗宮詞，毛氏跋之曰：「五岳山人止選一百六十七首，坊刻或二百八十一首，或二百九十二首，或三百首，或三百首有奇，多混入鄙俚膺作，以取數多。既從雲間得一元本，止缺兩頁」云云。則宋徽宗宮詞似歷來並無定本，毛氏所據之元本，亦未詳其善惡。又《藏園群書題記》內載有宋書棚本《四家宮詞》及清覆宋本《十家宮詞》，內皆有《宣和御製》三卷，亦未詳其與毛本之異同。至此卷末所附之帝姬長公主跋，則爲後人所僞，《四庫總目》已詳論之。

其楊太后宮詞，毛跋云是天啓七年得胡應麟手訂秘本，而與宋徽宗宮詞合梓者。又跋曰「今本止三十首，餘二十首從未之見，有疑爲唐人所作，有疑爲元人所作」云云。按《藏園群書題記》云：「毛晉所據原本後人未見，然黃丕烈所跋刻者，即是毛晉所據之本也。黃氏言其爲宋呈狀廢紙抄本，則毛氏乃據宋時輯本而梓。然疑有元人之作，或曾經後人增衍矣」。繆荃孫《雲自在龕隨筆》卷二亦云：「寧宗楊后宮詞五十首，寫在狀紙反面，紙墨甚舊，係汪水雲、錢功甫、毛子晉、黃蕘圃舊藏，功甫有印記，子晉有兩跋，蕘圃亦跋，子晉曾刻入《五家宮詞》。」據此，則毛氏所得「秘本」，當係宋代寫本。惟《藏園》又載以另一抄本校毛本，云毛本譌異甚多，蓋毛氏爲調叶聲之故，輒逞私臆輕改古書。按現所行世之《二家宮詞》舊本，僅有毛氏此刻，故毛本與宋本之異同，實已不可考。《四庫總目》總此三百五十首云：「皆

後人裒輯得之，真偽參半，不可盡憑」云云，當是確論。

《元宮詞》一卷

　　明不著撰人。《四庫總目》云是明太祖第五子周定王朱橚撰。首冠無名氏序，《四庫總目》仍云為朱橚撰。未有龍莊甄敬及毛氏二跋。此集《四庫總目》據毛本著錄，入之存目。按此集於毛本以前未見有雕板，毛氏乃崇禎四年於林雲鳳齋頭得之而梓。

《漱玉詞》一卷

　　宋李清照撰，清照號易安居士。首冠〈紀略〉，述清照行實；末附〈金石錄後序〉、〈李易安賀人孿生啓〉、〈易安軼事逸聞〉四則及毛氏跋。此集《陳錄》、《通考》著錄，並曰「別本分五卷」；《四庫總目》則據毛本著錄。毛跋曰：「黃叔陽云《漱玉集》三卷，馬端臨云別本分五卷，此皆合詩、詞、雜著為《漱玉集》者也，國朝時已湮沒焉。庚午（崇禎三年）仲秋，從異卿覓得宋詞二十餘種，乃洪武三年抄本，內有《漱玉》、《斷腸》二冊，雖卷帙無多，仍合梓之，末並附〈金石錄後序〉」云云。按《皕宋樓藏書志》載異卿手校本《漱玉詞》一卷，即毛氏所據之洪武抄本。現存世之《漱玉詞》刻本，僅有汲古閣本，《叢書集成》及商務印書館均曾據以影印。《四庫提要補正》云是集有道光二年錢塘女子汪玢《漱玉詞》彙抄本，於毛本外，曾輯若干闋，並錄諸家詞話及事輯，視毛本為勝云云，惜今未見。

《斷腸詞》一卷

　　宋朱淑真撰，淑真自稱幽棲居士。首有〈紀略〉，末有毛氏跋。此集倪氏《宋志補》、《續通考》及《四庫總目》著錄，《四庫》所收即毛本。按此集仍係據洪武三年抄本而梓，毛本以前，亦未見有雕板，殆毛氏首刻之。現存世之刻本亦僅毛本，《叢書集成》及商務印書館亦曾據以影印。

《女紅餘志》二卷

　　元龍輔撰。首冠其夫常陽所撰小引，每卷前各有龍輔撰序。此集倪氏、錢氏《補元志》、《續通考》著錄，《四庫總目》則入之子部雜家八存目。按此集末無毛氏跋，毛本以前亦未見雕板，未知毛氏此刻之所出。《四庫總目》則引錢希言之說，以此書為好事者所偽撰，而論曰：「明人已灼知其偽，毛晉乃刻之《詩詞雜俎》中，失考甚矣」。

《中州集》十卷、附《中州樂府》一卷

　　金元好問編，好問字裕之，自號遺山。

　　明末汲古閣刊本。

　　板匡高十八、九公分，寬十三、七公分。半葉八行，行十九字。左右雙欄。版心花口，無魚尾，上象鼻刻書名，中記卷次及葉數，下象鼻刻「汲古閣」三字。每卷前各列姓氏總目，每人詩前並各附小傳。《中州集》前冠金哀宗天興三年元氏自序、弘治九年嚴永濬序，次總目；末有至大三年張德輝後序及無年月毛晉跋。《中州樂府》前冠嘉靖十五年彭汝實序，末有同年毛鳳韶及無年月毛晉二跋。又《武進陶氏汲古書目》又載有高登遂序，今本皆未見，各書志亦不載，不知何據。

　　此集倪氏《金志補》、龔氏《金志補錄》、《續通考》、《國史經籍志》及《四庫總目》均著錄。按元氏錄其前輩及交遊諸人之詩，再合商平叔所與之先人手鈔魏道明輯《國朝百家詩略》，以甲乙次第之，而成是編，惟書成後無力刊梓。至大二年，張德輝於趙國寶處得是集，遂於次年刊刻以行，並爲之序；弘治九年，侍御史李公託嚴永濬重刊，毛氏此刻，則又據嚴永濬刊本重梓。惟毛氏初梓此集時，闕其《中州樂府》一卷，後得陸深家藏、彭汝實校讎并序、高登刻於九峰書院之本，遂再補刻附於集末。是故毛本集前總目未列《中州樂府》。按中圖所藏元刊配補影鈔本、《儀顧堂續跋》及《愛日精廬》所載元刊本、《四部叢刊》所收董氏影元本，皆題書名爲《翰苑英華中州集》，題元氏自序爲〈中州鼓吹翰苑英華序〉；而毛本於書名刪去「翰苑英華」四字，改題元氏自序、爲〈中州集引〉。又元氏自序有「以甲乙次第之」之語，元刻本即是每卷首行題「某集（甲乙）第幾」，嚴永濬刊本今未見，然嚴序亦有「以甲乙次第爲十卷」之語；而毛本則改以第一卷、第二卷等標卷次，而改題甲集、乙集於每卷首行下端。又據彭汝實序，《中州樂府》原於數人詩前間有小序志之；毛氏則跋之曰：「小敘已見詩集中，不更贅」而刪去小序；按元刊本《中州樂府》於從郁、張中孚、王澮、折元禮四人詩前附有小傳，蓋此四人詩集中未改，故於其樂府前補敘小傳；毛氏以《中州集》內小傳皆兼評樂府，遂率意刪去，實未察詩集內未收此四人。又此刻於《中州集》卷十末附有元氏自題《中州集》後五首，元刻皆不載。據此，毛氏於此集實曾擅據己意增刪更易，尤以刪去樂府中四人小傳，更爲大謬。按毛氏曾刻《列朝詩集》，板式悉依元至大三年初刻本《中州集》；《愛日精廬藏書志》載有毛氏影寫元至大本《中州樂府》，蕘圃亦曾見之，並以之校此刻《中州樂府》，云多所不同。則毛氏於《中州集》及《中州樂府》皆曾見元刊本，而此刻悉未據之，殆刻此集時，尚未見元本，以致此刻未及元本之精善。然此集元本、弘治間嚴永濬刻本，皆較罕見，毛刻仍有其廣傳之功。其本現中圖藏有七部，故宮、臺大、師大及美國葛斯德東方圖書館亦皆有收藏。商務印書館亦曾影印毛本《中州集》十卷行世。

《忠義集》七卷

宋末元初劉壎、劉麟瑞父子撰，元趙景良編。壎號水村，麟瑞號如村；景良字秉善，與劉氏父子皆南豐人。

明崇禎十七年汲古閣刊本。

板匡高十九、一公分，寬十三、五公分。半葉八行，行大字十九，間有小字夾行，以十八字爲率。左右雙欄。版心花口，無魚尾，上象鼻刻書名，中記卷次，下象鼻記葉數，惟每卷首、尾兩葉版心中改刻「汲古閣」三字。前有扉頁，中間大字題書名，右上小字題「毛氏正本」，左下小字題「汲古閣藏板」。有總目，首冠弘治五年何喬新總序。卷一爲壎所撰〈補史十忠詩〉，有壎自序；卷二至卷五則麟瑞所撰〈昭忠逸詠〉，有至順三年岳天祐序及至治元年麟瑞自序，末有無年月麟瑞自跋。

此馬、倪氏《補元志》、《續通考》及《四庫總目》著錄。按趙景良取劉壎撰〈補史十忠詩〉、劉麟瑞〈昭忠逸詠〉，再益以其自輯之宋末遺老之作合爲一編，總謂之《忠義集》。惟元時此編不甚著。弘治間，趙璽得之於一農家，持以示何喬新，何氏遂釐之爲七卷，並付王廷光梓之。毛氏此刻，即從此弘治本出。毛氏未跋此集，然錢大成撰《毛子晉年譜》稿，云是毛晉於崇禎十七年夏六月，向同邑嚴陵秋借得比集，命陸甥手抄付梓者。按劉麟瑞序其〈昭忠逸詠〉，曰「暇日搜討遺事，賦五十律」云云，今《四庫珍本》所收五十六首，毛本收六十首，皆與麟瑞序不合。又何喬新序云趙景良所輯宋末遺民詩內有汪水雲之作，今考毛本，內無汪水雲之作，《四庫》所收本亦云未見。則此集已歷經後人增刪，非原書之舊。此集傳世之刊本僅汲古此刻，現師範大學藏有一部。

《元四大家詩集》四種二十七卷

明毛晉編。

明崇禎十四年汲古閣刊本。

板匡高十八、一公分，寬十四、一公分。半葉九行，行十九字。左右雙欄。版心花口，無魚尾，上象鼻刻書名，中記卷次及葉數，下象鼻刻「汲古閣」三字。前有扉頁，中間大字題「元四大家詩集」，左下小字刻「汲古閣藏板」。每集首皆有總目，首卷次行均題「虞山毛晉子晉訂」，每集末皆有毛氏跋。

此編乃毛氏輯元時合稱四美之范德機、楊仲弘、虞伯生及揭曼碩四人之詩而成。《四庫》入之存目，題曰二十六卷，蓋未計入《虞伯生詩集》後所附之《補遺》一卷。《總目》論此編曰：「乃晉以意摘抄，非其完本，且四家各有專集，亦無庸此合編」云云。按毛氏之意，殆是此四人之詩，於元時甚著，故取予合梓。惟毛氏所輯

多未全,且皆不據善本,未能與《元人十種詩》合為雙璧,殊為可惜,故歷來不甚受藏書家所重。其本現僅中圖及美國葛斯德東方圖書館各藏一部。茲將此編四種分別論述於下:

《虞伯生詩》八卷、《補遺》一卷

元虞集撰,集字伯生,世稱邵菴先生。末有毛氏跋。按伯生有《道園學古錄》五十卷,毛氏此刻,即從其《學古錄》中輯出而別行者,故諸目均未著錄。然毛氏所輯,闕失甚多,實未盡善。

《楊仲弘詩》八卷

元楊載撰,載字仲弘。首冠致和元年范梈序,末有毛氏跋。倪氏《補元志》、《續通考》、《國史經籍志》及《四庫總目》著錄,惟《國史經籍志》作四卷,《四庫總目》云:「此八卷本不知為何人所分」。按此集首刻於致和元年,惜今不傳,未知其詳。後嘉靖十五年翁原匯曾刻之,亦八卷,並有翁氏自序。《四部叢刊》所收即翁氏刊本,取以校毛本,則相異之處甚多。或毛氏別有所據,《葉志》亦云不知毛氏據何本重刊。

《范德機詩》七卷

元范梈撰,梈字德機,又字亨父。首冠揭傒斯序(按毛本誤傒為僕),末有毛氏跋,曰「辛巳(崇禎十四年)予合梓《元四大家詩集》,九閱月而書成」云云。此集《四庫總目》著錄,云:「范氏生平所著有十二卷,此七卷本不知為何人所併」云云。按此集首刻於至元六年,《皕宋樓藏書志》、《丁志》、《瞿目》均著錄至元本,《四部叢刊》所收為影鈔至元本。至元本即七卷,然無揭傒斯序,且與毛本所收互有異同。則毛氏此刻或別有所本,然毛跋僅云此集與《揭曼碩集》均芙蓉江周仲榮所貽,而未言所貽者係何本。按《四庫》所收本亦有揭傒斯序,或與毛本所據相同。

《揭曼碩詩》三卷

元揭傒斯撰,傒斯字曼碩,諡曰文安。末有毛氏跋。曼碩有全集十四卷行世,內《詩集》三卷、《詩續》二卷、《各體文集》九卷。毛氏此刻,即取其詩僅三卷別行,而未及其《詩續》,故未可稱全足。又毛本較其全集本卷三多〈送孔學文〉、〈送李都事〉及〈送于孔昭〉三首,而少〈登祝融峯〉以下六首,皆未詳其所據。

《元人十種詩》十種六十一卷

明毛晉編。

明崇禎十一年汲古閣刊本。

板匡高十八、七公分,寬十四、三公分。除《嘯疃集》每半葉八行外,餘皆半

葉九行，行十九字。左右雙欄。板心花口，無魚尾，上象鼻刻書名，中記卷次及葉數，下象鼻刻「汲古閣」三字。前有扉頁，右邊大字題「元人集十種」，左邊則列各集撰人名氏。首冠崇禎十一年徐　序，每集末皆有毛氏跋。

此編乃毛氏輯元人詩集十種而成。歷來刻書家多重唐、宋以前詩集，類毛氏此編者甚少，故多有幾至泯沒之元人詩集，賴此編方得以留存。《葉志》云：「此雖毛刻，然如此十種全得之頗難」；《四庫》所收此十集，亦多係據毛本。則毛氏此刻頗有蒐輯之功。惟此編一如《元四大家詩集》，所輯多有闕失，實未足以稱善。其本現僅中圖藏有一部。茲將各集分別論述於下：

《遺山先生詩集》二十卷

金元好問撰，好問字裕之，自號遺山。末有毛氏跋。《四庫總目》據毛本著錄而入之存目。遺山有全集四十卷行世，前十四卷皆各體詩，此集即是據全集之十四卷詩摘出別行，而釐爲二十卷者。《汲古閣珍藏秘本書目》載有舊抄本《元遺山詩集》，或毛氏此刻別有所本，非毛氏所自釐訂也。惟遺山乃金人，入元不仕，毛氏以之冠於元人十集之首，實爲大謬。

《薩天錫詩集》三卷、《集外詩》一卷

此刻題元薩都剌撰，《四庫總目》則云當作薩都拉。都拉字天錫，號直齋。因其世居雁門，故此集又稱《雁門集》。正集與《集外詩》之末均有毛氏跋。此集《國史經籍志》著錄二卷，《續通考》及《四庫總目》即據毛本著錄。按天錫原有《雁門集》八卷，然世罕傳（按中圖現藏有萬曆間刊八卷本一部），毛氏初未之見，故所刻僅三卷；後得荻區王氏舊藏八卷本，遂取前三集未載者，又刻成《集外詩》一卷。按毛本與八卷本雖卷帙次第皆異，然所收實同。惟毛氏刻三卷本，不知係自輯之或別有所本。《四庫總目》云：「毛晉得別本刊之，併爲三卷」，然亦不知《四庫總目》所云「得別本」係指何本。

《金臺集》二卷

元迺賢撰，迺賢姓葛邏祿，字易之。《四庫總目》則云其名應作納新。首冠至正十年黃溍、十二年歐陽玄、李好文、貢師泰四序，末有虞集題詩一首、至正三年揭傒斯後序、八年張起巖題詩四首、九年泰不華（按《四庫總目》改作泰哈布哈）篆字題詞、十一年程文跋、十五年楊彝跋，並無年月危素及毛晉跋。此集倪氏、錢氏《補元志》、《續通考》及《四庫總目》著錄。惟倪氏《補元志》又有《金臺後集》一卷，爲毛本所無。按此集乃危素合易之所撰《金臺前稿》、《後稿》各一卷而成。毛跋曰：「其後諸序跋，不但評論詳覈，書法亦精妙，因倩友人王與公

摹而副諸棗」云云。按此刻末所附諸序跋，乃用各體文字刻成，毛氏既言「摹而副諸棗」，則此刻必是毛氏得元時舊本而梓，《五十萬卷樓藏書目》即載有毛氏影元鈔本《後稿》一卷可證。又楊彞跋有「易之與余相會於鄞，則其友已傳刻之」之語，是至正間已有刻本，惜今未見，僅汲古閣本傳世。

《玉山草堂集》二卷、《集外詩》一卷

元顧瑛撰，瑛又名德輝，此刻則題顧阿瑛，字仲瑛。首冠至正十年黃溍、十一年李祁二序，並有顧氏傳及殷奎所撰墓誌銘，卷末則有毛氏跋。按顧瑛有《玉山璞稿》一卷、《玉山名勝集》八卷《外集》一卷、《草堂雅集》十三卷等行世。此集於毛氏以前未見，《四庫》亦未收。考毛氏所收，正集卷上及《集外詩》所收爲詩，正集卷下所收則傳、考、記、墓銘等，現傳世之顧瑛各集，皆未有與毛本相合者。則此集乃是毛氏雜採諸顧氏集而成，所收甚是寥寂，實非善本。

《翠寒集》一卷

元宋無撰，無字子虛，舊字晞顏。首冠元貞元年趙孟頫、延祐七年馮子振、至元二年子虛三序，末有毛氏跋。此集倪氏《補元志》著錄八卷，並註曰「今一卷」，錢氏《補元志》著錄六卷，《續通考》及《四庫總目》著錄一卷。按此集乃子虛晚年自定其詩，馮子振序刻之，並冠子虛少年時詩集之趙孟頫序於首而成，故此集末有〈題孟頫遺墨詩〉，而卷首又有孟頫序。現馮子振刻本不得見，舊刻本則僅毛氏此刻傳世。

《嘯嚘集》一卷

元宋無撰。首冠庚申年（至正十四年）鄧光薦序、至元二年子虛題語；末有無年月毛氏跋、至元六年（按毛本誤刻至正）子虛撰自銘、成化十九年張習跋。此集倪氏《補元志》、錢氏《補元志》、《續通考》著錄，《四庫》則入之存目。按此集元時未雕板，成化間張習取此集與《翠寒集》同梓，毛氏此二刻殆皆據成化本重刻。

《倪雲林先生詩集》六卷、《附錄》一卷、《集外詩》一卷

元倪瓚撰，瓚字元鎮，號雲林。《附錄》及《集外詩》末各皆有毛氏跋。此集倪氏《補元志》、《續通考》著錄，《四庫》則入之存目，均無《附錄》及《集外詩》。按《集外詩》乃毛氏與其甥馮武同訂而梓，毛氏跋云其梓前刻時，馮甥才七齡，二十三年後又自諸書中輯出《集外詩》云云。按馮武生於天啓七年，則毛氏梓《雲林詩集》六卷與《附錄》一卷時爲崇禎六年，再梓《集外詩》，并附於此編之內，已是順治十三年之事。現所傳雲林之作，向分《雲林詩集》與《清閟閣集》二種，而《清閟閣集》實亦包含其詩集。毛氏以前刻《清閟閣全集》者有元孫大雅序刻本、明天

順四年荊溪蹇曦刻本、萬曆十九年瓚八氏孫珵重刊蹇曦本、萬曆二十八年珵子錦增刻本。其中蹇曦本凡詩六卷、《附錄》一卷，毛本篇章次第與之悉合，惟《附錄》多王賓撰〈旅葬志銘〉及周南老撰墓志銘二則，又多《集外詩》一卷。則毛本殆源出蹇曦本。按《四庫總目》著錄《清閟閣集》十三卷，曰：「天順本及萬曆庚子本歲久漫漶，所行世者唯毛本」云云，則毛本實有承傳之功。

《南邨詩集》四卷

元陶宗儀撰，宗儀字九成，號南村。按南村生當元末明初，《四庫總目》云毛氏列此集於《元人十集》中非當也，蓋此集內多係洪武間所撰詩，非元時之作。卷末有毛氏跋。錢氏《補元志》、《明志》、《續通考》及《四庫總目》均著錄。按此集於毛氏以前未見雕板，殆毛氏首刻之。現亦僅汲古此刻傳世。

《句曲外史集》三卷、《補遺》三卷、《附》一卷、《集外詩》一卷

元張雨撰，雨字伯雨，號貞居。首冠無年月徐達序，正集末有劉伯溫撰墓志銘、成化十五年姚綬撰〈句曲外史小傳〉、嘉靖十二年樓野生題識、十三年陳應符跋及無年月毛氏跋。附一卷末有閔元衢及毛氏跋，均無年月。《集外詩》末又有無年月毛氏跋。此集倪氏、錢氏《補元志》、《續通考》著錄，《四庫》所收即毛本。按此書正集三卷乃嘉靖間陳應符手編，題曰《遺集》而序刻者。毛氏即據之重梓，而改題曰《句曲外史集》。至崇禎十四年，毛氏又得烏元衢所貽之《補遺》詩七十九首、文五首，合以康與可等人所寄詩若干首，而刻成《補遺》三卷，并附以伯雨與時人往來酬贈之詩寫《附》一卷；後再與其甥馮武搜集前所未錄者，成《集外詩》一卷，并《補遺》等皆補刻入此編中。按世傳之張雨詩集與毛氏此刻皆異，非但篇章次第不合，所收亦互有異同。現存最早之本，乃《四部叢刊》所收之影寫元刊五卷本，即與毛本相異甚鉅。蓋毛氏刻此集時，皆未見善本。現中圖所藏清初毛氏汲古閣精抄本《句曲外史詩集》二卷。《集外詩》一卷，所收即較其刻本為全足，惜毛氏見善本在後，故雖大力搜索十餘年，仍非足本。後堯圃評毛氏此刻曰：「書以刻為幸，然以刻而不佳者為不幸，《句曲外史詩》毋乃抱是恨歟」，實是確論。

《霞外詩集》十卷

元馬臻撰，臻字志道，號虛中。首冠大德六年仇遠、龔開及無年月黃石翁三序，末有毛氏跋。此集倪氏、錢氏《補元志》、《續通考》著錄，《四庫》所收即毛本。《葉志》載此集一卷，而曰《四庫》誤題為十卷，不知何故。按毛氏以前，未見有此集之雕板，蓋毛氏首刻之，現傳世之刻本亦僅毛本。又《汲古閣珍藏秘本書目》內載有此集精抄本，未知是否即此刻所據。

《滑耀編》四卷

　　明賈三近編，三近字德修。

　　明末毛鳳苞刊本。

　　板匡高十九、一公分，寬十三、六公分。半葉八行，行十九字。左右雙欄。版心花口，無魚尾，上象鼻刻書名，中記卷名及卷次，下刻葉數。每卷首葉均題「東海石癸賈三近彙集、濟上康宇王象晉重較、虞山子九毛鳳苞訂梓」。首冠萬曆八年賈三近自序，題曰〈蘭陵散客貞忠居士寧鳩子序〉，次有守璞居士題語，次自次。

　　此編《續通考》著錄，《四庫》則入之存目，按此刻無「汲古閣」及「綠君亭」表記，僅題毛鳳苞訂梓，或為毛氏早年所刻。其書歷來僅有萬曆八年原刊本及毛氏此刻，毛本殆即據萬曆本重梓，惟較萬曆本多一守璞居士題識耳。毛本現僅中圖藏有一部，惜目次第四葉以前皆闕，卷一及卷四末均亦有闕葉。

《列朝詩集》八十一卷

　　清錢謙益編，謙益字受之，號牧齋。

　　清順治初年汲古閣刊本。

　　板匡高二十、五公分，寬十三、二公分。半葉十五行，行二十八字。四週雙欄。版心白口，雙魚尾間題集次及卷次，下端記葉數。每集前各皆有目，與正文相銜，蓋仿宋元本舊式。首冠無年月錢氏自序，甲集末又有順治七年錢氏題識。次有詮次。

　　其書清初列為應燬書目，故《四庫》未收。按此刻無汲古閣之表記，亦無毛晉刊梓之題名或序跋。然《五十萬卷樓藏書目》、《葉志》、屈萬里先生撰《葛斯德東方圖書館善本書志》，均題汲古閣刻本，《武進陶氏汲古書目》亦收之，則此刻應是錢謙益付毛氏梓之。惟錢氏自序有「托始於丙午（順治三年），徹簡於己丑（順治六年）」之語，則毛氏刊此集應在順治初年，然《五十萬卷樓藏書志》、《葉志》及屈萬里先生均題為「崇禎十六年汲古閣刊本」，不知何據。按錢氏乃仿元好問所編《中州集》而編成此集，故此刻版式全仿《中州集》至大年間之初刻本，為有明一代版式特異者，言版本者多舉之。惜此刻傳世甚罕，據《葉志》所載，蓋毛氏後人將此編之版鬻於常熟邵氏書估印行，未幾版燬於火之故。現中圖藏有此刻二部，其中一部闕書首錢氏序，且前有扉頁，題有「本府藏板」字樣，疑此書曾一度有官書局轉印，書首則鈐有「汲古閣」、「毛氏正本」等印記。

《歷代詩家》五十六卷、《二集》八十六卷

清戴明說等編，明說字道默。

清順治十四年汲古閣刊本。

板匡高十九、一公分，寬十三、五公分。半葉九行，行二十一字。左右雙欄。板心花口，無魚尾，初集於上象鼻刻「某（朝代名）詩家」，中記該卷撰者，下象鼻記葉數；二集上象鼻刻「詩家幾」，下刻葉數。前有扉頁，天頭處橫題「錢牧齋先生鑒訂」，中大字書「歷朝詩集」，右上小字題「戴道默先生評選」，左下小字題「汲古閣藏板」。兩集書首皆有發凡、姓氏總目；每卷前亦各有題語及目次，初集題語皆范士楫撰，二集則皆戴明說撰。初集每卷前題名曰：「渤海戴明說道默、范陽范士楫箕生、上谷魏允升升之選定；男戴王綸經碧、王繿紳黃、男范勳公彝、海虞毛晉子晉參閱」。首有順治十三年戴明說序及同年郭芝跋。二集每卷前題名曰：「渤海戴胡說道默、范陽范士楫箕生選定；男戴王綸經碧、王繿紳黃、男范勳公彝參閱」。首有順治十四年戴明說序，並再附郭芝跋。兩集書中均刻有圈點句讀及評註，惟初集評註刻於天頭，二集則刻於行側。

此書《四庫》未收，顧氏及陶氏《汲古書目》均不載，各書志亦皆不著錄，殆歷來傳本甚罕，且不受詩家所重。現僅中圖藏有一部，其中初集卷十九、二十、五十、五十一闕，僅存五十二卷。

第三節　詩文評類

《唐詩紀事》八十一卷

宋計有功輯。有功字敏夫，自號灌園居士。

崇禎五年汲古閣刊本。

板匡高十九、三公分，寬十三、七公分。每半葉八行，行十九字。左右雙欄。版心花口，無魚尾，上象鼻刻書名，中刻卷次及葉數，下象鼻刻「汲古閣」三字。卷一前題名曰：「宋臨功計敏夫有功輯、明海虞毛晉子晉訂」。首冠計有功、王思任、嘉定十七年王禧、嘉靖二十四年張子立四序；末有崇禎五年毛氏跋。

此集《宋志》不載，僅《續通考》及《四庫總目》著錄。

按計氏初編此集時，所收凡一千一百五十家，鬘為八十一卷，首刻於嘉定十七年王禧，且王禧已校讎鬘正十之七八。王禧刻本現已不得見，然中圖所藏之嘉靖二十四年洪楩及同年張子立所刻此集，皆是據王禧本重雕者，並各有自序。今《四部

叢刊》所收、《丁志》所載、鼎文書局所編《歷代詩史長編》及商務印書館所行此集，皆是洪楩之本。毛氏此刻，即是據張子立重刊王禧本，復加以校讎而梓，書首附有嘉靖二十四年張子立序，而篇章次第與之悉合，故《四部叢刊書錄》言毛本乃出自洪楩本。

此集所載多至千餘家，或錄名篇，或採斷句，現已不傳之唐人詩句多有賴以保存者；每篇間記本事，兼詳其世系爵里，《四庫總目》因謂之輯錄之功不可沒。按雖計氏輯錄有功，然其初輯時似甚草率，訛誤甚多，雖已經王禧校讎，然毛氏欲重梓時，仍多有疑問。毛氏遂悉據其本傳詳加考訂，以雙行小字註原文下，如卷十七賀知章〈曉發詩〉、趙冬曦〈和張說耗磨日飲〉……等；亦有一詩重見、脫去本詩、誤入他詩、幾人溷作一人、一人一詩反分析幾首者等，毛晉亦皆詳考，而總述之於卷末跋語中！由此觀之，毛氏於此集校勘之功，實不可滅。今中華書局所行此集，原文雖據洪楩本，然其校勘記內則多引毛氏所改訂者，為現行最佳之本，由此可知汲古閣此刻校勘之精。

毛跋又言萬曆二十二年有此集刊本，今則未見，《儀顧堂題跋》內著錄有此集二百卷本，亦不知是何刊本，內容有無異同。毛氏刻本，現中圖、臺灣大學、美國葛斯德東方圖書館，及日本九州帝國大學文學部圖書館均有收藏。惟《葛斯德善本書目》云有崇禎五年李殼序，現國內諸藏本皆不見，《五十萬卷樓書目》載汲古刻本，亦未言有李序。

第四節　詞曲類

（一）詞選之屬

《詞苑英華》六種四十五卷

明毛晉編。

明末崇禎間汲古閣刊本。

板匡高十七、六公分，寬十二、二公分。半葉九行，行二十字。左右雙欄。版心白口，雙魚尾間上記書名卷次、下記葉數；惟每卷首、尾兩葉改刻「汲古閣」與「毛氏正本」字樣。每卷首尾兩行均有「琴川毛晉正本」木記。其中《花菴絕妙詞選》及《中興以來絕妙詞選》書名刻於上象鼻處；《詩餘圖譜》則板心改為花口，無魚尾，上象鼻刻書名，中記卷次及葉數，無汲古閣表記及「琴川毛晉正本」木記。

此編乃毛氏刻唐宋五代以至兩宋詞集，於崇禎年間陸續梓成，後合爲一編者。顧氏《汲古書目》曰凡九種，武進陶氏《汲古書目》則云凡七種。今考此編，其中《花菴絕妙詞選》十卷與《中興以來絕妙詞選》十卷，原係黃昇合編，題爲《花菴詞選》二十卷者，且其序跋皆是合二集而敘之，故應合爲一種；少游、南湖《詩餘合璧》二卷則爲《詩餘圖譜》之《附錄》，亦應合爲一種。故此編應止六種。毛氏此編所收各集，皆可稱全足，雖《詞林萬選》與《詩餘圖譜》二種皆明人所編，所收不倫，然其餘四種校勘頗精，仍是善刻。其本現僅中圖藏有一部。茲將此編各集分別論述於下：

《花間集》十卷

後蜀趙崇祚編，崇祚字宏基。首冠廣正三年歐陽炯序，末有無年月陸游跋、開禧元年陸游再跋及毛氏兩跋。此集《陳錄》、《通考》著錄，《四庫》所收即毛本。《陳錄》及歐陽炯序皆稱此集所收凡十八人，詞五百首。然毛本則十八人，四百九十八首，蓋已佚二首，毛跋亦云已不可考矣。按毛跋曰：「近來坊刻往往繆其姓氏，續其卷帙，大非趙宏基本來面目。余家藏宋刻，前有歐陽炯序，後有陸放翁二跋，眞完璧」云云。據此，則毛氏乃直據宋本而梓，其刻每卷卷目緊銜正文，仍存宋本舊式。

《草堂詩餘》二卷

宋不著編人，舊題武陵逸史編，未詳爲何人。末有毛氏跋。《陳錄》、《通考》著錄皆二卷，《四庫總目》著錄則四卷，題名曰「類編《草堂詩餘》」。按《四庫》所收嘉靖二十九年顧從敬刊本，乃顧氏依其家藏宋本重刊之，而冠嘉靖二十九年何良俊序於首。《葉志》云毛本即據顧本重刊。現中圖藏有顧本，其刻每卷首行題「類編《草堂詩餘》」，並有「武陵逸史編次、開雲山農校正」之題名，於詞末則多列宋人說部詞話。以校毛本，則毛本於書名刪去「類編」二字，改題名爲「武陵逸史編、隱湖小隱訂」，刪去何序及詞話，餘則悉合。則毛本乃自顧本出，果如《葉志》所云。《葉志》論毛本曰：「妄刪何序，使人幾不知原刻出自顧氏，又沒其校刊之功，又竊取人之姓名，易以己之別名，殊爲好名之過。惟於各詞一依宋刻，未嘗如刻他書之妄肆紛更，是雖非顧刻之廬山，尙不失舊本之原例」云云，是確論也。

《尊前集》三卷

不著編人。首冠萬曆十五年顧梧芳序，末有無年月毛氏跋。此集《宋志》以前諸目未載，僅《續通考》及《四庫總目》著錄。按此集明以前未見有雕板，萬曆間顧氏首刻之，毛本即從顧本出。現顧本不傳，僅毛本存世。此集世人多以其爲顧梧芳所編，毛跋亦云：「雍熙間有集唐末五代諸家詞，而有名《尊前集》者，惜其本不

傳。顧梧芳氏采錄名篇，釐爲二卷，仍其舊名」。實此集爲宋時舊本，阮廷焯先生撰〈汲古閣本《尊前集》跋〉（載大陸雜誌第四十卷第十一期）已詳論之。

《花菴絕妙詞選》十卷、《中興以來絕妙詞選》十卷

宋黃昇編，昇字叔暘，號玉林，又號花菴詞客。首冠淳祐九年黃昇自序及同年胡德方序，末有無年月顧起綸跋及毛氏兩跋。此集《宋志》以前不載，倪氏《宋志補》分別著錄，《續通考》及《四庫總目》則合題爲《花菴詞選》二十卷。按黃昇所編《花菴詞選》二十卷，前十卷原名《唐宋諸賢絕妙詞選》，（毛本於前十卷總自仍題「《唐宋諸賢絕妙詞選》綱目」），後十卷則爲《中興以來絕紗詞選》。因前者收唐以至北宋詞人之作，後者則收南宋詞人之作，兩者不相聯屬，故世人多別行爲二集，而不題總名。然考此編序、跋，皆合全編而敘，故仍應合而爲一。此集宋刻現不得見，僅存萬曆間舒伯明覆宋本（《四部叢刊》收入，故宮藏本則闕前十卷）及毛氏此刻。萬曆本置黃昇跋於《中興絕妙詞選》前，而無顧起綸跋，餘與毛本悉合。毛氏此刻，不知其所據，《丁志》論之曰：「汲古所刊，差爲近古，其源當從淳祐本出也。」

《詞林萬選》四卷

明楊愼編，愼字用修，號升菴。首冠嘉靖二十二年任良幹序，末有毛氏跋。此集《續通考》著錄，《四庫》則入存目。任氏序曰：「升菴家藏有《唐宋五百家詞》，暇日取其尤綺練者四卷，名曰《詞林萬選》，皆《草堂詩餘》所未收。現借抄一本而刻之郡齋」云云。然毛跋曰：「金沙于季鸞貽予一帙，據序云皆草堂前未收，蓋未必然，疑爲後人妄改」。《四庫總目》亦因此集多雜金元明人之作，且唐宋詞人可見載者不及五百家之數，故疑此集爲後人依托之作。毛本殆即從任良幹序刻本出，惟毛氏將有疑惑之處，分別註於本題下，於詞亦多校刊釐正，實較任氏原刻爲佳。

《詩餘圖譜》三卷、附《詩餘合璧》二卷

明張綖編，綖字世文，《附錄》則王象晉所加。首冠崇禎八年王象晉序，所附《少游詩餘》前有同年王象晉再撰〈秦張兩先生詩餘合璧序〉，《南湖詩餘》前則冠嘉清三十一年朱日藩序。此集《續通考》著錄，《四庫》則入之存目。按《詩餘圖譜》三卷原張綖所編，萬曆二十三年時王象乾曾刻梓，至崇禎間已殘闕不全。象乾弟象晉遂重新爲之校讎，再取秦觀所撰《少游詩餘》一卷、張綖所撰《南湖詩餘》一卷別爲《附錄》，自爲之序，並附張綖全集所有之朱日藩序冠於《南湖詩餘》之首，併付毛晉重梓之。《四庫總目》論此書曰：「校讎不精，所謂黑圈爲仄、白圈爲平、半黑半白爲平仄通者，亦多混淆，殊非善本，宜爲《萬樹詞律》所譏。末附泰觀詞及綖

所作詞各一卷，尤爲不倫」云云。則毛氏收此集於《詞苑英華》之內，致使全編良莠不齊，實爲不當。

《宋名家詞》六十一種九十一卷

明毛晉輯。

明末崇禎間汲古閣刊本。

板匡高十八、九公分，寬十四、四公分。每半葉八行，行十八字，間有小字夾行，行亦十八字。左右雙欄。版心花口，無魚尾，上象鼻刻各家詞之書名，中記卷次及葉數，下象鼻刻「汲古閣」三字。全編分爲六集，每集前皆有扉頁，右側大字題「宋家名詞」，左側小字題第幾集及該集所收書名，其中第一、六集之扉頁左下端，更有「古虞汲古閣藏，翻刻必究」字樣。第一集前有總目，餘則無。每書首則各有其目，並卷首次行皆題撰者名氏。第一集前冠無年月夏樹芳序。第二集前冠崇禎三年胡震亨序。每書之末則均有毛晉跋，以下不再重署。

此編乃毛氏彙集宋人詞六十一家而成，共分爲六集，《四庫總目》列之於存目，題曰無卷數。《明志》著錄六十卷，《書目答問》則作九十卷。按此編總卷數實分八十九卷及九十一卷兩種，其差別在第五集《于湖詞》一卷與三卷之分。蓋毛氏初刻此集時，《于湖詞》僅得一卷，故成八十九卷之本，後毛氏又得《于湖詞》前所闕之二卷，補刻入而成九十一卷之本，故此編之總卷數，實應以九十一卷爲準。《明志》殆以一家爲一卷，《書目答問》所題，則不知何據。

此編內六十一家詞未依年代先後排此，蓋隨得隨刊。首集前夏樹芳序曰：「子晉刻《宋名家詞》凡十人，攟摭儁美，各具本色，余得而上上之」云云。考此編第一集共收十家，前有總目，而第二集以後則無總目，則毛氏首次刊雕此編時，乃是第一集十種一次刊完，夏氏爲之序，以後則隨得隨刊。至第二集前胡震亨序內，皆已稱「六十家詞」，殆其時此編已全部梓成。

《四庫總目》論此編曰：

> ……明常熟吳訥曾彙《宋元百家詞》，而卷帙頗重，傳鈔絕少，惟晉此刻蒐羅頗廣，倚聲家咸資採掇，其所錄分爲六集，自晏殊《珠玉詞》至盧炳《哄堂詞》共六十一家，每家之後，各附以跋語。其次序先後，以得詞付雕爲準，未嘗差以時代，且隨得隨雕，亦未嘗有所去取。故此外如王安石《半山老人詞》、張先《子野詞》……雖尚有傳本，而均未載入。蓋以次開雕，適先成此六集，遂以六十家詞傳，非謂宋詞止於此也。其中名姓之錯互，篇章次第之舛異，雖不能免，而於諸本之誤甲爲乙、考證釐訂者，

或復不少。故諸家詞集雖各分著於錄，仍附存其目，以不沒晉蒐輯校刊之
功焉。

按《四庫》所論，已明言此刻之梗概。其所言之吳訥輯本，據大陸雜誌三十五卷十
二期內所收鄭騫〈珠玉詞板本考〉一文內稱：吳訥乃子晉鄉先輩，毛氏此刻所據，
即其所輯之《唐宋名賢百家詞》。按民國六十年五月，廣文書局曾印行林堅之重抄再
訂《唐宋元明百家詞》，即吳訥之本。以其核毛晉此刻，並非毛本所有者吳本全有，
且所共收之詞集，雖有完全相同者，然差異甚大者亦多有之。吳本早毛本幾二百年，
毛氏或曾參較吳本，然未全據之。其本世不多見，世所行之宋人詞集，多以毛本為
準，故葉德輝有「彙刻詞集自毛晉汲古閣刻《六十家詞》始」之語。後據毛本而行
者，有廣州重刻本、光緒戊子錢塘汪氏振綺堂重刻本、上海博古齋影印本、《四部備
要》本……等十數家，現坊間據毛本影印者更夥。故毛氏此編，雖仍有校勘不精及
擅自分合卷帙之通病，然於宋詞保存蒐輯之功，實不可滅。

毛氏初輯此編時，原欲足成百家之數，然僅刻成此六十一家即未再梓，《知聖道
齋書目》即有汲古閣未刻宋詞二十一家，葉德輝亦云毛氏當時擬刻百家，後四十家未
刻。此未刻之詞均有鈔本，現多傳世。又《四庫總目》著錄《夢窗》甲、乙、丙、丁
四稿，云：「丙、丁兩稿先得，刻入第五集中，甲、乙兩稿後得，刻入第六集中」云
云。按今所見本《夢窗》四稿均收入第三集中，且依次序排此，則皆已由後人更易其
次第矣。此編現中圖藏有三部，其中一部扉頁有「味閒軒藏板」字樣，殆是他人得毛
氏板而重印者，東海大學亦藏有一部，其中《于湖詞》仍一卷，猶是初行本；此外臺
灣大學、美國葛斯德東方圖書館亦均有收藏。茲將此刻六十一家詞集，分別論述於次：

第一集

《珠玉詞》一卷

宋晏殊撰，殊字同叔。《直齋》、《通考》著錄，《四庫總目》所載即毛本，云此
集原有張子野序，今佚去。按鄭騫〈珠玉詞版本考〉以毛本校吳本，云毛本據其本
而刻，並以己意增刪，較吳本多〈清商怨〉一首、少〈浣溪沙〉一首、〈訴衷情〉一
首、〈蝶戀花〉二首、〈漁家傲〉一首、〈阮郎歸〉一首等。

《六一詞》一卷

宋歐陽修撰，修字永叔，晚號六一居士。首冠無年月羅泌序，末有舊跋二，一
無年月及撰人，一則紹興元年朱松撰。按朱跋言其於政和六年過歙州太守許君頌之
而見此本，有許君題記云云，則前一跋乃北宋末許頌之撰。毛氏跋此集曰：「廬陵舊
刻三卷，且載〈樂語〉于首，今刪〈樂語〉，匯為一卷，凡他稿誤入如〈清商怨〉類，

一一削去，誤入他稿如〈歸自謠〉類，一一註明」云云。則毛氏此刻，乃據宋本校訂而梓，於《六一詞》頗有釐正之功。

《樂章集》一卷

宋柳永撰，永字耆卿。《直齋》、《通考》著錄此集九卷，《四庫總目》則據毛本著錄一卷。按此編第一集總目《樂章集》下註曰：原本九卷。則此刻乃毛氏併九卷爲一卷而梓，其所據或仍宋本。《四庫總目》云毛本殊少勘正，譌不勝乙云云，並列舉毛本之誤甚夥，則此刻校勘實未精審。吳訥本則作三卷，並註明宮調，與毛本多有異同，而較毛本爲善。

《東坡詞》一卷

宋蘇軾撰，軾字子瞻，號東坡居士。《直齋》、《通考》著錄此集二卷，《宋志》則作一卷，蓋宋時卷數已有差異。此編第一集總目《東坡詞》下註曰：原本二卷。則此刻乃據二卷本合併之。卷末毛跋曰：「東坡詩文不啻千百億刻，獨長短句罕見。近有金陵本子，人爭喜其詳備，多渾入歐黃秦柳作，今悉刪去」云云。按毛氏於所刪之詞，多於目錄下註曰據宋本或據元本。則此刻乃以明金陵刻本爲底本，更參宋、元本刪訂而梓。

《山谷詞》一卷

宋黃庭堅撰，庭堅字魯直，自號山谷道人。《宋志》著錄《山谷樂府》二卷，《陳錄》、《通考》則載一卷，《四庫總目》亦據一卷本著錄，曰：「蓋宋代傳刻已合併之矣」。按毛氏於此刻亦有刪訂，並皆註曰據舊刻刪去。惟不知其所云舊刻何所指。

《淮海詞》一卷

宋秦觀撰，觀字少游。《直齋》、《通考》著錄一卷，《四庫總目》則據毛本著錄，並曰：「傳本俱稱三卷，此本爲毛晉所刻，僅八十七調，裒爲一卷，乃雜探諸書而成，非其舊帙」云云。按《淮海集》中未收其詞，歷來傳本並無標準，非如《四庫總目》所言俱三卷也。此刻雖於第一集總目《淮海集》下註曰「原本三卷」，然毛跋曰：「此集從無的本，余既訂訛搜逸，共得八十七調，集爲一卷」云云，則毛氏此刻乃自輯之，非據三卷本併之。吳訥本所收即三卷，凡七十七首，與毛本互有異同，則一卷本、三卷本皆非完帙。又毛本多於詞下註曰「元刻作某」，則毛氏曾以元刻校訂此集，惟現不見元本，未知其所據。

《小山詞》一卷

宋晏幾道撰，幾道字叔原。卷末除毛跋外，又有無名氏一跋。《陳錄》、《通考》、及《四庫總目》均著錄。無名氏跋此集曰叔原以《補亡》名其集，爲高平公綴輯成

編云云。然《陳錄》即以《小山》名其作，殆《補亡》之名未行，高平公亦不知何人。按《通考》錄有黃山谷〈小山集序〉一篇，吳訥本亦收之，此刻則未刊入。

《東堂詞》一卷

宋毛滂撰，滂字澤民。《陳錄》、《通考》及《四庫總目》著錄。按毛滂集名曰《東堂集》，其詞向來別行，皆一卷。

《稼軒詞》四卷

宋辛棄疾撰，棄疾字幼安。其書《陳錄》、《通考》及《四庫總目》著錄。陳氏云信州本十二卷。《宋志》所載，即是十二卷，此編第一集總目《稼軒詞》下亦曰「原本十二卷」，蓋皆信州本也，此刻即是併十二卷本為四卷而梓。按吳本亦四卷，首冠淳熙十五年稼軒門人范開序，曰裒集《稼軒詞》纔逾百首。今吳本收四百餘首，毛氏又衍為五百六十一首，則此集歷來無定本，多經後人增益。

《放翁詞》一卷

宋陸游撰，游字務觀，自號放翁。《陳錄》、《通考》及《四庫總目》著錄。第一集總目《放翁詞》下註曰「原本兩卷」。按毛跋曰：「余家刻《放翁全集》，已載長短句兩卷，尚逸一、二調（按《四庫總目》云十二調誤），章次亦錯見，因載訂入名家」云云。則此刻乃自《渭南文集》中抽出以增訂，並合為一卷而梓者。

第二集

《片玉詞》二卷、《補遺》一卷

宋周邦彥美成撰，《補遺》則毛氏所輯。首冠淳熙七年強煥序。《陳錄》著錄《清真詞》二卷，《後集》一卷；《四庫總目》則據毛本著錄。毛跋曰：「余家藏凡三本，一名《清真集》，一名《美成長短句》，皆不滿百闋。最後得宋刻《片玉集》二卷，計調百八十有奇，晉陽強煥為序。余見評註龐雜，一一削去，釐其訛謬」云云。按「片玉」之名，始見於元陳元龍註刻本，毛氏云其所得本名《片玉詞》，且有評註，則是元刻。此刻殆即據元本翻刻，惟尚存一、二評註，則刪削未盡。又強煥序言其裒詞凡百八十二首，此刻所收則百八十四首，或強煥計數有誤。強煥序並未言及有《後集》，則《陳錄》所載《後集》，當是後人所增衍。其後《後集》佚去，毛氏乃由諸書中輯出，別為《補遺》一卷。今考吳訥十卷并附抄本一卷本，內多有毛本未收者，則毛氏所輯，實未完備。.

《梅溪詞》一卷

宋史達祖撰，達祖字邦卿。首冠嘉泰元年張鎡序。《陳錄》、《通考》及《四庫總

目》著錄。

《白石詞》一卷

宋姜夔撰，夔字堯章，號白石道人。首冠黃昇序。《陳錄》、《通考》著錄《白石詞》五卷，倪氏《宋志補》及《四庫總目》則載《白石道人歌曲》四卷、《別集》一卷。按此刻僅一卷，凡三十四闋，毛跋云乃從《花菴絕妙詞選》中錄出，實非完帙。

《石林詞》一卷

宋葉夢得撰，夢得字少蘊。首冠紹興十七年關注序。《陳錄》、《通考》及《四庫總目》著錄。

《酒邊詞》一卷

宋向子諲撰，子諲字伯恭。首冠胡寅序。《陳錄》、《通考》著錄一卷，《四庫總目》則據毛本著錄。按此集分「江南新詞」與「江北舊詞」二部分，歷來或分為二卷，或合為一卷，非有所異。《文祿堂訪書記》載有毛氏影宋鈔本《酒邊集》一卷，則毛氏曾見宋本，或此刻即據宋本付梓。

《溪堂詞》一卷

宋謝逸撰，逸字無逸。首冠漫叟序，未詳何人。《陳錄》、《通考》及《四庫總目》著錄。按毛跋曰：「既獲《溪堂全集》，末載樂府一卷，今依其章次就梓」云云，則此刻乃自其全集中抽出別行者。

《樵隱詞》一卷

宋毛开撰，开字平仲。首冠乾道二年王木叔序。《陳錄》、《通考》及《四庫總目》著錄。毛跋曰：「余近得楊夢羽先生秘藏《宋元名家詩》抄本二十七種，內有《樵隱詩餘》一卷，共四十二首，調名二十有三，亟梓而行之」云云。則此刻乃據抄本而梓。

《竹山詞》一卷

宋蔣捷撰，捷字勝欲。首冠至正二十五年湖濱散人序。倪氏《宋志補》著錄，《四庫總目》則據毛本著錄。按湖濱散人序曰：「此稿得之於唐士牧家藏本，雖無詮次，遮幾無遺逸」云云。今毛氏據之而梓，亦係足本。

《書舟詞》一卷

宋程垓撰，垓字正伯。首冠紹熙五年王稱序。《陳錄》、《通考》著錄；《宋志》則載陳正伯《書舟雅詞》十一卷。《四庫總目》則係據毛本著錄，而論之曰：「傳本或作《書舟雅詞》二卷，而《宋史·藝文志》乃作陳正伯《書舟雅詞》十一卷，則又誤程為陳，誤二為十一矣」。按毛跋曰：「正伯與子瞻中表兄弟也，故集中多潿蘇

作，如〈意難忘〉、〈一剪梅〉之類，今悉刪正」云云，是毛氏有所訂正。

《坦菴詞》一卷

宋趙師使撰，師使字介之。首冠其門人尹覺序。《陳錄》、《通考》及《四庫總目》著錄，惟陳、馬兩家題撰者爲趙師俠。

第三集

《惜香樂府》十卷

宋趙長卿撰，長卿自號仙源居士。倪氏《宋志補》及《四庫總目》著錄。毛跋曰此集乃鄉貢進士劉澤編輯，釐爲十卷云云。

《西樵語業》一卷

宋楊炎正撰，炎正號濟翁。《陳錄》、《通考》、倪氏《宋志補》及《四庫總目》著錄，惟陳、馬兩家誤楊炎正爲楊炎止，毛本更誤楊炎爲名，止濟翁爲號；《宋志補》再誤題曰止清翁，茲依《四庫總目》改正。

《竹屋癡語》一卷

宋高觀國撰，觀國字賓王。《陳錄》、《通考》著錄《竹屋詞》一卷，《四庫總目》則據毛本著錄。按陳氏言其所見本有陳造及史達祖二序，毛跋亦有「陳造序云高竹屋與史梅溪皆周秦之詞」之語，則毛氏曾見此二序，然刪削未刻。

《夢窗稿》四卷，《絕筆、補遺》一卷

宋吳文英撰，文英字君特。乙稿末及全書之末各有毛氏跋。《四庫總目》據毛本著錄。按毛氏初僅得《夢窗》丙、丁兩稿，遂併其所輯之《補遺》九闋合梓之，而列丙稿以至《補遺》之總目於首，並爲之跋。二十年後，又再得甲、乙兩稿，遂跋而梓之。《四庫總目》曰：「丙、丁兩稿原刻第五集中，後附《絕筆》一篇、佚詞九篇。後再得甲、乙兩稿，乃刻入第六集中」。按中圖所藏三部之一，丙、丁兩稿在第三集中，甲、乙兩稿在第六集中，尚是初行之本。則知《四庫總目》誤三爲五。而通行各體俱合之於第三集中，則重印時所移併。又丁稿之末附題爲〈鶯啼序〉之絕筆一篇，此闋又重見於乙稿中，題曰〈豐樂樓〉，兩處所載訛異甚多，殆所從出有異。《補遺》內〈絳都春〉一首亦重出於乙稿中。

《近體樂府》一卷

宋周必大撰，必大字子充。末有毛氏跋。《四庫總目》據毛本著錄，按此刻乃毛氏自子充子綸所編次之《文忠集》二百卷中抽出別行者。毛跋云其得益公省齋諸稿二百卷之抄本，然字句錯淆，僅先梓其《近體樂府》數闋，餘未敢妄就剞劂

云云。則毛氏乃據抄本而梓。今以《文忠集》內〈近體樂府〉一卷校毛本，則毛本僅十二首，較《文忠集》所收少〈二老堂會七兄樂語〉及〈點絳唇〉「醉上蘭舟」二首。或毛氏所據之抄本有闕。

《竹齋詩餘》一卷

　　宋黃機撰，機字幾叔。末有毛氏跋。倪氏《宋志補》及《四庫總目》著錄。

《金谷遺音》一卷

　　宋石孝友撰，孝友字次仲。末有毛氏跋。《陳錄》、《通考》、倪氏《宋志補》載之，《四庫總目》則據毛本著錄。

《散花菴詞》一卷

　　宋黃昇撰，昇字叔暘，號玉林，又號花菴詞客。末有毛氏跋。倪氏《宋志補》載之，《四庫總目》則據毛本著錄。按毛氏曾梓《花菴詞選》二十卷，入《詞苑英華》中。毛氏此刻，即是抽出《花菴詞選》末所附黃昇自撰詞四十首，再由他書採擷三首，合之而梓者。

《和清真詞》一卷

　　宋方千里撰。末有毛氏跋。倪氏《宋志補》及《四庫總目》著錄。毛跋有「東楚方千里、樂安楊澤民有《和清眞全詞》各一卷」之語，《四庫總目》則曰：「六十一家之內無澤民詞，又不知何故」。按《知聖道齋書目》內著錄有汲古未刻詞，內載《和清眞詞》一種，未署撰人及卷數，殆即毛跋所謂之楊澤民《和清眞詞》一卷。或毛氏得之較晚，未及刻入名家詞。

《後村別調》一卷

　　宋劉克莊撰，克莊字潛夫，自號後村居士。末有毛跋。《四庫總目》據毛本著錄，曰：「後村之詩餘已附載其《後村集》中，毛晉復摘出別刻」。按後村門人林秀發編次之《後村居士集》五十卷，內有詩餘二卷。以之校毛本，則全集內所收乃分調類編，釐為二卷，共百二十一首；毛本則未分調類編，有同一調而分置首尾者，次第與全集本差異甚大，且較全集本多水調歌頭「君看郭西景……」及賀新郎「思遠樓前路……」二首。蓋毛氏刻此集時，未見《後村全集》，隨得隨刻，故未置同一調於一處，且未分卷。《四庫總目》云毛本乃自全集中摘出，非也。

第四集

《蘆川詞》一卷

　　宋張元幹撰，元幹字仲宗，別號蘆川居士。末有毛氏跋。此集《陳錄》、《通考》、

《宋志》及《四庫總目》著錄，惟《宋志》作三卷，當係字之誤。

《于湖詞》三卷

　　宋張孝祥撰，孝祥字安國，號于湖。第一卷末有毛氏跋。《陳錄》、《通考》及《宋志》著錄此集俱一卷，《四庫總目》則據毛刻三卷本著錄。按毛氏初刻此集時僅一卷，並跋其末，後又得《張孝祥全集》，續補刻二卷，故前後字體差異。現存三卷之本，跋在第一卷之末，堪稱特異。今東海大學所藏仍一卷，殆爲初印本，尚未補刻後二卷即行世；中圖所藏此書凡三部，一部仍一卷，另二部則爲三卷本，已是補足後再行世者，書首有乾道七年湯衡及陳應行二序。陳序曰：「得于湖長短句數百篇」云云。按毛氏此刻卷一乃採黃昇所編《中興以來絕妙詞選》內于湖之作二十四首，益以自輯之四首，卷二、三則自全集中錄出，凡百八十一首，較陳序所言，闕失已多。又張氏《愛日精廬藏書志》及《瞿目》皆著錄有影宋鈔本《于湖先生長短句》五卷附《拾遺》一卷。張氏曰：「是書毛氏初刊一卷，繼得全集續刊兩卷，篇次均經移易，并刪去目錄內所註宮調」。瞿氏則云：「毛氏《六十家詞》本，章次俱不合」。據此，則毛氏實未見宋代舊本。

《洺水詞》一卷

　　宋程珌撰，珌字懷古，自號洺水遺民。末有毛氏跋。《宋志》載《程珌文集》三十卷；《四庫總目》則據毛本載入詞曲類存目，論之曰：「詩餘二十一闋已載集中，此毛晉摘出別行之本也」。按毛跋曰：「癸酉（崇禎六年）中秋，從秦淮購得《洺水集》二十六卷，雖遺逸甚多，而大略已概見，急梓其詩餘二十有一調」云云。據此，則此刻乃毛氏自《洺水集》中摘出別行者，所收凡二十調，四十闋。毛跋誤云二十一調，《四庫總目》未予詳考，又誤之爲二十一闋。按毛氏除略釐訂詞調外，餘悉同《洺水集》。

《歸愚詞》一卷

　　宋葛立方撰，立方字常之。末有毛氏跋。《陳錄》、《通考》及《四庫總目》著錄。

《龍洲詞》一卷

　　宋劉過撰，過字改之，自號龍洲道人。末有毛氏跋。此集《陳錄》、《通考》作《劉改之詞》一卷，《四庫總目》據毛本著錄，而曰「毛晉刊本乃從全集之名也」。

《初寮詞》一卷

　　宋王安中撰，安中字履道。末有毛氏跋。《陳錄》、《通考》及《四庫總目》著錄。《總目》論此集乃經後人裒輯，非陳振孫所見之原本。按《學海》出版社曾影印《汲古閣鈔宋金詞七種》行世，內收莪園舊藏毛氏影宋鈔本《初寮詞》一卷，與此刻相

校，則次第互異，且鈔本較此刻少〈洞仙歌〉一闋。殆毛氏據宋本釐訂，以調類編，再益以宋本未載之〈洞仙歌〉而梓。

《龍川詞》一卷、《補》一卷

宋陳亮撰，亮字同甫。《補》一卷則毛氏所輯，末有毛跋。《宋志》載其《外集詞》四卷，《四庫總目》則據毛本著錄，而曰《宋志》所載已不傳。按此集詞凡三十首，皆見於其全集，然未詮次，毛氏乃據其家藏舊本分調類編而梓。《四庫簡目標注》載汲古閣有此集之影宋鈔本，則毛氏舊藏應是宋本。至《補》一卷凡收七首，則毛氏自《花菴中興絕妙詞選》中輯出者。

《姑溪詞》一卷

宋李之儀撰，之儀字端叔，自號姑溪居士。末有毛跋。《陳錄》、《通考》載之，《四庫總目》則據毛本著錄。按《四庫總目》曰此集凡四十調，八十八闋。今考毛本〈踏莎行〉下註曰「三調、逸二調」，實止八十六闋。據毛跋，乃是為鼠所損。毛跋但云從玉峰得此集。然未詳所得何本。

《友古詞》一卷

宋蔡伸撰，伸字伸道，別號友古居士。末有毛氏跋。《陳錄》、《通考》及《四庫總目》著錄。《四庫總目》與《丁志》均言毛氏此刻頗多譌舛，校勘未精。

《石屏詞》一卷

宋戴復古撰，復古字式之，號石屏。末有毛跋，並採《石屏集》中樓鑰跋及《輟耕錄》內所載陶宗儀跋附之。《四庫總目》著錄。按《四庫簡目標注》載有汲古閣影宋鈔本《石屏集》一卷，則此刻殆從宋本出。

第五集

《海野詞》一卷

宋曾覿撰，覿字純甫。末有毛氏跋。《陳錄》、《通考》、倪氏《宋志補》及《四庫總目》著錄。

《逃禪詞》一卷

宋楊無咎撰，無咎字補之，自號逃禪老人。末有毛跋。《陳錄》、《通考》及《四庫總目》著錄，倪氏《宋志補》作二卷，當係字之誤。《四庫》所收即毛本，《總目》於之頗有釐正，並曰毛氏此刻多以意竄亂。

《空同詞》一卷

宋洪瑹撰，瑹字叔璵。末有毛氏跋。倪氏《宋志補》著錄，《四庫總目》據毛本

著錄而入之存目。按此集乃毛氏自《花菴絕妙詞選》中摘出別行者，《四庫總目》云其「非完帙也」。其中卷尾〈清平樂〉一闋，實是連可久所作，毛跋已詳論之。故此集所收十七首，內僅十六首爲叔璵之作。《四庫總目》曰此集凡十六首，璨詞僅十五首，殆計數之誤。

《介菴詞》一卷

宋趙彥端撰，彥端字德莊，號介菴。末有毛氏跋。《宋志》及倪氏《宋志補》載《介菴詞》四卷，《陳錄》、《通考》則著錄一卷，《四庫總目》則據毛本著錄。毛氏跋曰：「余家舊藏《介菴詞》一卷，板甚精良，惜未得其全集。又有《文寶（按應爲寶文之誤）雅詞》四卷，中誤入孫夫人〈詠雪詞〉。……至如〈席上贈人清平樂〉，昔人稱爲集中之冠，反逸去，可恨坊本之疏略也。」按《四庫總目》因毛跋而疑舊刻散佚，僅存一卷。今考吳訥《唐宋元明百家詞》內，收有《介菴趙寶文雅詞》四卷。以校毛本，則吳本多〈清平樂〉「悠悠漾漾……」一首，即毛跋所謂誤入孫夫人之〈詠雪詞〉而刪去者；毛本多出〈喜遷鶯〉「登山臨水……」一首，〈鷓鴣天〉三首則次第互異。餘毛本與吳本悉合。據此，則四卷本與一卷本僅卷帙之分合及題名有異耳。毛氏家藏舊刻，未詳是何本，然此刻乃據舊本校以四卷本及坊刻本所梓。

《平齋詞》一卷

宋洪咨夔撰，咨夔字舜俞。末有毛氏跋，《四庫總目》據毛本著錄。

《文溪詞》一卷

宋李昂英撰，昂英字俊明。此刻作李公昂，誤。末有毛氏跋，《四庫總目》據毛本著錄，入之存目。《總目》論之曰：「《文溪詞集》原本分爲二卷，此本合爲一卷，字句舛謬非一，亦不及集本之完善也」。

《丹陽詞》一卷

宋葛勝仲撰，勝仲字魯卿。末有毛氏跋。《陳錄》、《通考》著錄，《四庫》所收即毛本。

《嬾窟詞》一卷

宋侯寘撰，寘字彥周。末有毛氏跋。《陳錄》、《通考》、倪氏《宋志補》及《四庫總目》著錄，惟陳、馬兩家作《嬾窟詞》。《四庫總目》論毛氏此刻校讎頗爲疏漏，並多所釐正。

《克齋詞》一卷

宋沈端節撰，端節字約之。末有毛氏跋。《陳錄》、《通考》、倪氏《宋志補》及《四庫總目》著錄。

《芸窗詞》一卷

宋張榘撰，榘字方叔。末有毛氏跋。倪氏《宋志補》載之，《四庫總目》則據毛本著錄，入之存目。《總目》論之曰：「其詞諸家選本罕見採錄，此本爲毛晉所刻，亦不詳其所自。詞僅五十首，而應酬之作凡四十三首」。

第六集

《竹坡詞》三卷

宋周紫芝撰，紫芝字少隱。首冠乾道三年孫兢序，末有乾道九年紫芝子栞跋及毛氏兩跋。《陳錄》、《通考》及《四庫總目》著錄，惟陳、馬兩家作一卷。按孫兢序有「釐爲三卷」之語，則陳、馬兩家誤。按孫兢序云此集凡百四十八闋，今本則百五十闋，蓋紫芝子栞又增入〈減字木蘭花〉及〈採桑子〉二闋。毛跋又云作〈減字木蘭花〉誤，而改題爲〈木蘭花令〉。

《聖求詞》一卷

宋呂濱老撰，濱老或作渭老，《四庫總目》云未知孰是。聖求則其字。首冠嘉定五年趙師岪序，末有毛氏跋。《陳錄》、《通考》及《四庫總目》著錄。毛跋又錄〈詠梅詞〉一首，爲此集未載者。

《壽域詞》一卷

宋杜安世撰，安世字壽域。黃昇又謂其字安世，名壽域，未知孰是。末有毛氏跋。《陳錄》、《通考》著錄，《四庫》則列之存目。

《審齋詞》一卷

宋王千秋撰，千秋字錫老，號審齋。末有毛氏跋。《陳錄》、《通考》、倪氏《宋志補》及《四庫總目》著錄。按此集吳訥本收七十三闋，且當有梁文恭序；毛本僅六十一闋，並非完本。

《東浦詞》一卷

宋韓玉撰，玉字溫甫。末有毛氏跋。《陳錄》、《通考》及《四庫總目》著錄。按毛跋謂此集乃託友人校讎者。《四庫總目》云此刻「備極譌舛」，並多所釐正。

《知稼翁詞》一卷

宋黃公度撰，公度字師憲，號知稼翁。首冠淳熙十六年曾丰序，末有同年公度子沃跋及無年月毛氏跋。此集《陳錄》、《通考》及《四庫總目》著錄。凡十四調十五闋，《四庫總目》云十三調、十四闋，殆計數有誤。按《學海》出版社所影印之《汲古閣鈔宋金詞七種》內收有此集影宋鈔本，與此刻悉合，則此刻當係從宋本出。

《無住詞》一卷

宋陳與義撰，與義字去非，別號簡齋。末有毛氏跋。《陳錄》、《通考》著錄《簡齋詞》一卷，《四庫總目》則據毛本著錄。

《後山詞》一卷

宋陳師道撰，師道字履常。末有毛氏跋。《陳錄》、《通考》著錄，《四庫》入之存目。《總目》曰：「其詞集自宋以來即別行，未入其全集」。

《蒲江詞》一卷

宋盧祖皋撰，祖皋字申之，又字次夔，自號蒲江居士。末有毛氏跋。《陳錄》、《通考》著錄，《四庫》所收即毛本。《四庫總目》曰：「凡二十五闋，今以黃昇《花菴詞選》相校，則前二十四闋悉《詞選》之所錄，最後〈好事近〉一闋爲晉所增入，疑原籍散佚，晉特鈔撮黃昇所錄以備一家耳。其中字句與《詞選》頗有異同……」。按吳訥本所收亦二十五闋，且順序與毛本無異，《四庫總目》所列舉之毛本與《花菴詞選》相異處，亦與吳訥本同。疑毛氏乃據吳訥本而刊梓，非所自輯。

《琴趣外篇》六卷

宋晁補之撰，補之字無咎。末有毛氏跋。《陳錄》、《通考》著錄《晁無咎詞》一卷；《四庫總目》則載《晁無咎詞》六卷，與此刻合，僅書名有異。按補之詞向未入其《鷄肋集》，故稱爲外篇。此刻末〈詠洞仙歌〉一闋，原未載入此集，乃毛氏由《花菴詞選》中錄出而附於卷末者。

《哄堂詞》一卷

宋盧炳撰，炳字叔陽，自號醜齋。末有毛氏跋。《陳錄》、《通考》、倪氏《宋志補》著錄，《四庫》則入之存目。按此刻毛氏題爲《烘堂詞》，《四庫總目》已辯其非。《丁志》載明鈔本一卷，亦題《烘堂詞》。丁氏曰毛氏乃沿此鈔本之譌。則毛本或從此明鈔本出。

（二）南北曲之屬

《六十種曲》一百二十卷

明毛晉編輯。

明末汲古閣刊本。

板匡高二十、二公分，寬十三、一公分。半葉九行，行大字或中字皆十九字。左右雙欄。版心無魚尾，上象鼻題卷名，中記葉數，下象鼻作小黑口或白口不等。

惟總目之版心下象鼻處刻「汲古閣」三字。全編共分十二集，每兩集成一套，每套前皆有扉頁，右大字題「繡刻演劇十本」，左列該套所收曲目十種。每種前又各有扉頁，題「某某記定本」。第一套前有閱世道人題語，第二套前有得閒主人題語、第三套前有靜觀道人題語，第四套前有閒閒道人題語，第五套前有思玄道人題語，第六套則無。皆未詳撰者係何人，或皆毛晉之化名？

　　此編乃毛氏輯明代盛行之南傳奇六十種而成，每種二卷，共一百二十卷。每種卷首皆不題撰者名氏，蓋所據皆當代梨園腳本。此編《四庫》未收，似毛氏初輯成此集時，並不甚受藝林所重。然輯明代南劇者，以毛本為最全，故清代以後，毛本漸漸為人矚目，流傳亦漸廣。翻印日多，毛氏初刻遂因之而日漸漫漶，故清代於毛刻有初補、再補，以至於別補之版行世，其中版式之遞變，金夢華先生所撰《汲古閣六十種曲敘錄》一書內已詳論之，此不再贅。

　　毛氏據梨園腳本輯成此編，初或僅以之為清玩之資，故每種均未詳加考訂。然即因此編為當時實用之本，故日後流傳漸廣，至今反成明代南劇存全之依據。汲古諸刻中，若以保存文獻之價值而論，實應以此編為冠。其本現中圖及臺大各藏有一部，然皆是清代修補本，開明書店所出版之《六十種曲》，則是據汲古閣初印本影印，實是現行最佳之本。

第五章 附 錄

第一節 毛晉代刊書目

子 部

譜錄類

《二如亭群芳譜》二十八卷

明王象晉撰。崇禎二年刊本。首冠王象晉、申用懋、張溥、方岳貢、朱國盛及毛晉六序，皆無年月；末有天啓元年王象晉跋。按武進陶氏《汲古書目》載此書，註曰「晉代刻」。蓋毛氏代王象晉所刊。現中圖藏有此刻一部，通書皆無汲古閣表記。

雜家類

《昨非菴日纂》三集六十卷

明鄭瑄輯。崇禎間刊本。第一集冠徐石麒、喻思恂、許豸、鄭瑄及隆武元年御製五序，每卷前又各有鄭瑄撰小序。第二集冠何如寵、顧錫疇、馬鳴起、陳繼儒、侯峒曾、崇禎十三年余煌六序。第三集冠錢謙益、徐汧、祁彪佳、金蘭、夏允彝、王應華、陳子龍、崇禎十五年余煌、十六年瞿式耜及同年李模十序。按武進陶氏《汲古書目》收此書，註曰「晉代刊」。現中圖藏有此刻四部，其中三部殘闕未全，皆無汲古閣表記。

類書類

《古今萬姓統譜》一百四十卷附《歷代帝王姓系統譜》六卷《氏族博考》十四卷

明凌迪知編。《萬姓統譜》前有萬曆七年王世貞及凌迪知序,《帝王姓系統譜》前有萬曆七年凌迪知自序,《氏族博考》前有吳京序。按東海大學現藏有此刻一部,前有扉頁,右上題「凌稚哲先生原本」,左下題「汲古閣藏板」,蓋毛氏得萬曆年間凌迪知所刻原版,復加以重印者。現仍附此章中。

釋家類

《補續高僧傳》二十六卷

明釋明河撰。明末刊本。首冠黃端伯、讀徹及甲申年周永年三序,末有天啓元年馬弘道、丁亥年自局及無年月毛晉三跋。顧氏及武進陶氏《汲古書目》均未載此書,惟中圖藏有一部,題曰「明天啓元年虞山毛晉刊本」。按此刻無汲古閣表記,僅由毛氏跋知是自局付梓者。其版式皆作《道藏》經形式,蓋毛氏捐貲代刻以贈嘉興楞嚴寺者。

《大方廣佛華嚴經海印道場十重行願常徧禮懺儀》四十二卷

唐釋慧覺錄、宋釋普瑞補註。崇禎十四年毛晉捐貲代刻《嘉興楞嚴寺方冊藏經》之一。按中圖所藏《嘉興楞嚴寺方冊藏經》中題爲毛晉刻本者凡數十種,除牧雲和尚所撰三種爲晉自出版外,餘皆如此書,乃毛晉代信徒及自捐貲而刻。雖前人汲古書目皆未收,然確爲毛氏所刻。茲《附錄》中圖所藏《嘉興藏經》中知爲毛氏父子捐貲代刻諸經於次:

五大部外重譯經:

《佛爲海龍王說法印經》一卷。　唐釋義淨譯。

《佛說四輩經》一卷。　西晉釋竺法護譯。

以上崇禎十五年毛鳳苞刊本。

《蘇悉地羯羅經》四卷。　唐釋輸迦波羅譯。

《金剛頂瑜伽中略出念誦經》四卷。　唐釋金剛智譯。

以上崇禎十六年毛鳳苞刊本。

小乘阿含部:

《佛說梵志阿颰經》一卷。　吳釋支謙譯。

《佛說寂志果經》一卷。　東晉釋竺曇無蘭譯。

《佛說本相倚致經》一卷。　後漢釋安世高譯。

《佛說頂生王故事經》一卷。　西晉釋法炬譯。

《佛說文陀竭王經》一卷。　北涼釋曇無讖譯。

《佛說尊上經》一卷。　西晉釋竺法護譯。

《旅食獲五福報經》一卷。　不著譯人。

《佛說耶祇經》一卷。

《佛說末羅王經》一卷。

《佛說摩達國王經》一卷。

《佛說旃陀越國王經》一卷。　以上劉宋釋沮渠京聲譯。

《佛說五王經》一卷。

《佛說出家功德經》一卷。

《佛說旃檀樹經》一卷。

《佛說頗多和多耆經》一卷。　以上不著譯人。

《禪秘要法經》三卷。　姚秦釋鳩摩羅什譯。

《佛頂放無垢光明入普門觀察一切如來心陀羅尼經》二卷。　宋釋施護譯。

以上崇禎十五年毛鳳苞刊本。

《大寒林聖難拏陀羅尼經》一卷。

崇禎十六年毛褒刊本。

《佛說諸行有為經》一卷。

《息除中天陀羅尼經》一卷。　以上宋釋法天譯。

以上崇禎十六年毛褒刊本。

《法集名數經》一卷。

《十二緣生祥瑞經》二卷。　以上宋釋施護譯。

《外道問聖大乘法無我義經》一卷。

《佛說長者施報經》一卷。　以上宋釋法天譯。

《佛母寶德藏般若波羅蜜經》三卷。　宋釋法賢譯。

以上崇禎十五年毛鳳苞刊本。

《佛說俱枳羅陀羅尼經》一卷。

《佛說消除一切災障寶髻陀羅尼經》一卷。

《佛說栴檀香身陀羅尼經》一卷。

《佛說鉢蘭那賒嚩哩大陀羅尼經》一卷。

《佛說洛叉陀羅尼經》一卷。

《佛說辟除諸惡陀羅尼經》一卷。　　以上宋釋法賢譯。

以上崇禎十六年毛鳳苞刊本。

《佛說延壽妙門陀羅尼經》一卷。

《一切如來名號陀羅尼經》一卷。

《佛說息除賊難陀羅尼經》一卷。

《佛說法身經》一卷。

《佛說功德經》一卷。　　以上宋釋法賢譯。

《佛說分別佈施經》一卷。　　宋釋施護譯。

以上崇禎十五年毛鳳苞刊本。

《佛說月喻經》一卷。

《佛說灌頂王喻經》一卷。　　以上宋釋施護譯。

以上明末毛鳳苞刊本。

《佛說金剛手菩薩降伏一切部多大教王經》三卷。　　宋釋法天譯。

崇禎十五年毛鳳苞刊本。

《佛說三身讚》一卷。　　宋釋法賢譯。

崇禎十七年毛鳳苞刊本。

大乘論：

《大般涅槃經論》一卷。　　元魏釋達摩菩提譯。

崇禎十五年毛鳳苞刊本。

《涅槃經本有今無偈論》一卷。　　陳釋真諦譯。

崇禎十六年毛鳳苞刊本。

《遺教經論》一卷。　　陳釋真諦譯。

崇禎十七年毛鳳苞刊本。

《取因假設論》一卷。　　唐釋義淨譯。

崇禎十六年毛表刊本。

《百字論》一卷。　元魏釋菩提流支譯。

崇禎十七年毛晉刊本。

小乘論：

《金剛針論》一卷。　宋釋法天譯。

崇禎十六年毛晉刊本。

西土聖賢撰集：

《禪法要解經》二卷。　姚秦釋鳩摩羅什譯。

崇禎十六年毛展刊本。

此土著述：

《出三藏記集》十七卷。　梁釋僧佑撰。

崇禎十六年毛晉刊本。

《仁王護國般若經疏》五卷。　隋釋智顗說、釋灌頂記。

崇禎十五年毛鳳苞刊本。

集　部

別集類

《鷄肋集》七十卷

宋晁補之撰。明崇禎八年刊本。首冠元祐九年補之自序，末有紹興七年補之弟謙之跋。按顧氏《汲古書目》列載此集於《補遺》內，惟今不見有汲古閣刻本傳世。《葉志》著錄明抄宋本云：「毛晉曾藏此本，《汲古書目補遺》有此集，或即據此鈔本重刊，然其書亦罕見，或當時印行不多，如《四唐人集》之版，早經燬滅耳」。考今傳有明崇禎詩瘦閣刊本，《四庫》所收、《四部叢刊初編》所影印皆據其本，中圖亦藏有其本四部。《四部叢刊書錄》云：「《鷄肋集》未見他刻，惟此爲最舊。」則以此集舊刻但惟詩瘦閣一本。察詩瘦閣刊本之字體酷類毛刻，故武進陶氏《汲古書目》載此集而題爲「汲古閣代詩瘦閣刊」，應可信耳。《葉志》所言或誤！

總集類

《漢魏六朝一百三家集》一百一十八卷

　　明張溥編。首冠張溥序。顧氏及武進陶氏《汲古書目》均載此集，陶氏題爲「晉代刊」。按中圖、故宮、國防研究院及臺灣大學均藏有此集一部，題爲「明崇禎間太倉張氏原刊本」，考其刻字體，酷似汲古閣書刊，殆崇禎間毛晉代張溥刊梓者。

《蘇門六君子文粹》七十卷

　　宋不著編人。首冠崇禎六年錢謙益序及無年月陳繼儒序。按中圖現藏有此書一部，題爲「明末汲古閣刊本」。今考其本，通書皆無汲古閣表記。武進陶氏《汲古書目》題爲「湖潛按宋人所輯稿本付梓，晉代刻」。今據此列入《附錄》。

第二節　知而未得書目

（一）武進陶氏《汲古書目》所載者：

四書六經讀本七種九十三卷：

　　《四書子章句》十九卷

　　《易朱子本義》四卷

　　《書蔡沈集傳》。（按顧氏《汲古書目》題六卷）

　　《詩朱子集注》四卷

　　《禮記陳澔集說》十卷

　　《春秋左傳》三十卷

　　《春秋胡安國傳》三十卷

《九正易因》不分卷

《大學衍義》

《大學衍義補》一百六十卷

《讀易便覽》。（按顧氏《書目》作《讀易便解》二卷）

《大易則通》。（按顧氏《書目補遺》題六卷）

《毛詩微言》

《毛詩名物圖考》

《三元四書》

《高頭四書》

《小學析疑》。（按顧氏《書目》題三卷）

《史記索隱》三十卷

《張天如批點南史》八十卷。（按陶氏題爲晉代刻）。

《左概》。（按顧氏《書目》題六卷）

《國概》

《顧麟氏十一經考》

《宋史》

《諸理旁通鑑集要》

《吳郡圖經續記》

《吳地志》

《指掌圖》

《天潢世系圖》

《汴游錄》一卷。（按陶氏題爲晉代刻）

《深牧庵日涉》一卷《南歸日錄》一卷。（按陶氏題爲晉代刻）

《廣鄉雜記》。（按此或《虞鄉雜記》之誤）

《廣筆記》

《禊帖捻聞》

《外科正宗》。（按顧氏《書目》作四卷）

《痘症新書》。（按顧氏《書目》作一卷）

《大雲輪請雨經》。（按陶氏誤雨爲兩）

《指月錄》

《隱湖題跋》。（按顧氏《書目補遺》作二卷）

《七會餘錄》

《種玉寶言》。（按顧氏《書目補遺》題二卷）

《大悲神咒》

《金剛經》。（按顧氏《書目》題爲《金剛經疏鈔》）

《心經》。（按顧氏《書目》題爲《心經小鈔》）

《北斗經》

《武烈帝籤訣》

《道藏》七種二十二卷（原八種四十二卷，其中《伊川擊壤集》二十卷得見，已著
　　　　　錄於前）：

　　《漢武帝內傳》一卷

　　《漢武帝外傳》一卷

《列仙傳》二卷

《疑仙傳》五卷。（按顧氏《書目補遺》作三卷）

《續仙傳》五卷。（按顧氏《書目補遺》作三卷）

《陶隱居集》三卷。（按顧氏《書目補遺》題《華陽陶隱居集》二卷）

《宗老先生集》五卷。（按顧氏《書目補遺》題《宗老先生文集》三卷）

《楚辭箋注》十七卷

《雲林題畫詩附逸事》一卷。（按顧氏《書目補遺》載倪雲林佚事，殆即此）

《滄螺集》六卷（按《拜經樓藏書目》卷五著錄，題「薛章憲跋汲古閣刻都元敬校本」，《明代版本圖錄初編》有此刻書影。）

《陳確菴文稿》一卷

《唐僧弘秀集》十卷

《江東白苧集》四卷

《嚴維集》。（按顧氏《書目》題《嚴維經》）

《國瑋集》

《賢首集》。（按顧氏《書目補遺》作二卷）

屈陶合刻二種十七卷：

《屈子》七卷。（按顧氏《書目》載《離騷》，殆即此）

《陶集》十卷

《唐人詩集》二種。（按顧氏《書目》題《盛唐二大家》）：

《李太白詩集》二十五卷。（按顧氏《書目》題書名為《李翰林集》）

《杜工部詩集》二十五卷。（按顧氏《書目》題《杜工部集》二十卷又《文》二卷）

《唐人詩集》五種（按僅未得三種，餘二種已著錄，參見本書第 82 頁）：

《孟襄陽集》二卷。（按顧氏《書目》作三卷，陶氏誤）

《孟東野集》十卷。（按顧氏《書目》誤作一卷，又曰有《附》一卷）

《金荃集》七卷《別集》一卷

《唐人詩集》六種：

《常旡咎詩》一卷。（按顧氏《書目》作《常建詩集》三卷）

《王司馬詩》八卷。（按顧氏《書目》書名為《王仲初集》）

《姚少監詩》十卷

《鮑德源詩》六卷《集外詩》一卷。（按顧氏《書目》題書名為《鮑溶集》）

《韓內翰別集》一卷附《補遺》。（按顧氏《書目》未題《補遺》）

《韋蘇州集》十卷附《拾遺》。（按顧氏《書目》未題《拾遺》）

《玉臺新詠》十卷。

《唐詩類苑》二百卷。（按陶氏題爲晉代刊）

《未學菴詩集》六種：

　　《尺五集》

　　《得閑集》

　　《懷古集》

　　《愚公集》

　　《集外詩》

　　《頤仲遺稿》

（二）顧氏《汲古書目》所載者（按陶氏與之重出者略去）：

　　《詩經》八卷。（按顧氏列入五經之一）

　　《倪雲林遺事》

　　《古文濆編》。（按載於顧氏《書目補遺》）。

（三）其他：

　　《羅鍾齋蘭譜》一卷。《鄭堂讀書記》載之，云是毛晉於崇禎元年代張應文刊梓。

　　《三才彙編》六卷，清龔在升撰，汲古閣刊本，見《鄭堂讀書記》卷六十二。

第三節　毛晉自著而未刻者

　　《明四秀集》：

　　　　《國秀集》

　　　　《弘秀集》

　　　　《隱秀集》

　　　　《閨秀集》

　　《明詩紀事》

　　《明方輿勝覽錄》

　　《明詞苑英華》

　　《海虞古文苑》

　　《海虞今文苑》

《虞鄉雜記》

《昔友詩存》

《救荒四說》

《隱湖小識》

《隱湖唱和詩》

《永思錄》

《宗譜先賢》

《隱湖遺稿》

主要參考書目

1. 《汲古閣校刻書目》一卷並《補遺》一卷,《刻板存亡考》一卷。《書目》清鄭德懋(滎陽悔道人)輯,《補遺》及《刻板存亡考》,清顧湘輯,小石山房叢書本。
2. 《明毛氏汲古閣刻書目錄》,民國陶湘輯,武進陶氏書目叢刊本。
3. 《新校漢書藝文志》,漢班固撰,世界書局。
4. 《新校隋書經籍志》,唐長孫無忌等撰,世界書局。
5. 《舊唐書經籍志》,後晉劉昫撰,世界書局。
6. 《新唐書藝文志》,宋歐陽修撰,世界書局。
7. 《通志》,宋鄭樵撰,商務印書館。
8. 《崇文總目》,宋歐陽修等撰,廣文書局。
9. 《文獻通考經籍考》,元馬端臨撰,新興書局。
10. 《宋史藝文志廣編》,元脫脫等修,世界書局。
11. 《遼金元藝文志》,清黃虞稷等撰,世界書局。
12. 《明史藝文志廣編》,清倪燦等撰,世界書局。
13. 《欽定續文獻通考經籍考》,清乾隆間官修,新興書局。
14. 《四庫全書總目》,藝文印書館。
15. 《增訂四庫簡明目錄標注》,清邵懿辰撰,世界書局。
16. 《四庫提要辨證》,民國余嘉錫撰,藝文印書館。
17. 《四庫全書總目提要補正》,民國胡玉縉撰,中華書局。
18. 《遂初堂書目》,宋尤袤撰,廣文書局。
19. 《郡齋讀書志》,宋晁公武撰,廣文書局。
20. 《直齋書錄解題》,宋陳振孫撰,廣文書局。
21. 《鄞范氏天一閣書目》,明范欽撰,民國二十六年寧波鉛印本。
22. 《千頃堂書目》,清黃虞稷撰,廣文書局。
23. 《讀書敏求記校證》,清錢曾撰,廣文書局。
24. 《蕘圃藏書題識、續識》,清黃丕烈撰,廣文書局。

25. 《曝書雜記》，清錢泰吉撰，廣文書局。

26. 《東湖叢記》，清蔣光照撰，廣文書局。

27. 《楹書隅錄、續錄》，清楊紹和撰，廣文書局。

28. 《宋元舊本書經眼錄》，清莫友芝撰，廣文書局。

29. 《日本訪書志》，清楊守敬撰，廣文書局。

30. 《經籍訪古志》，日本森立之等撰，廣文書局。

31. 《古文舊書考》，日本島田翰撰，廣文書局。

32. 《皕宋樓藏書志、續志》，清陸心源撰，廣文書局。

33. 《儀顧堂題跋、續跋》，清陸心源撰，廣文書局。

34. 《天祿琳琅書目》，清于敏中、彭元瑞等編，廣文書局。

35. 《適園藏書志》，清張鈞衡撰，廣文書局。

36. 《絳雲樓書目》，清錢謙益撰，廣文書局。

37. 《述古堂書目》，清錢曾撰，廣文書局。

38. 《廉石居藏書記》，清孫星衍撰，廣文書局。

39. 《文選樓藏書記》，清阮元撰，廣文書局。

40. 《愛日精廬藏書志》，清張金吾撰，清光緒十三年吳縣靈芬閣活字本。

41. 《滂喜齋藏書記》，清潘祖蔭撰，民國十三年海寧陳氏慎初堂刊本。

42. 《鐵琴銅劍樓藏書目錄》，清瞿鏞撰，清光緒三十四年常熟瞿氏刊本。

43. 《善本書室藏書志》，清丁丙撰，清光緒二十七年錢塘丁氏刊本。

44. 《八千卷樓書目》，清丁丙撰，民國十二年錢塘丁氏活字本。

45. 《藝風藏書記、續記》，清繆荃孫撰，清光緒二十六年刊本。

46. 《郋園讀書志》，民國葉德輝撰，民國十七年長沙葉氏排印本。

47. 《書目答問補正》，民國范希曾撰，新興書局。

48. 《藏園群書題識初集、續集》，民國傅增湘撰，廣文書局。

49. 《五十萬卷樓群書跋文》，民國莫伯驥撰，民國三十七年廣州文光館活字本。

50. 《文祿堂訪書記》，民國王文進撰，廣文書局。

51. 《拾經樓紬書錄》，民國葉啓勳撰，廣文書局。

52. 《群碧樓善本書目》，民國鄧邦述撰，廣文書局。

53. 《涵圃善本書目》，民國張乃熊編，廣文書局。

54. 《寶禮堂宋本書錄》，民國潘宗周撰，民國二十八年南海潘氏鉛印本。

55. 《四部叢刊書錄》，上海商務印書館。

56. 《普林斯敦大學葛斯德東方圖書館中文善本書志》，屈萬里先生撰，藝文印書館。

57. 《百川學海》，宋左圭輯，民國十年上海博古齋影印本。

58. 《玉海》，宋王應麟編，華聯出版社。

59. 《説郛》，元陶宗儀編，商務印書館。

60. 《稗海》，明商濬編，新興書局。

61. 《范氏二十一種奇書》，明范欽編，藝文印書館輯百部叢書集成本。

62. 《唐宋叢書》，明鍾人傑、張遂辰同輯，藝文印書館輯百部叢書集成本。

63. 《秘冊彙函》，明胡震亨編，藝文印書館輯百部叢書集成本。

64. 《士禮居黃氏叢書》，清黃丕烈編，民國四年上海石竹山房印本。

65. 《知不足齋叢書》，清鮑廷博編，清末長塘鮑氏刊本。

66. 《漢魏叢書》，清王謨編，清光緒二十年湖南藝文書局校刊本。

67. 《粵雅堂叢書》，清伍崇曜編，清咸豐三年南海伍氏刊本。

68. 《學津討源》，清張海鵬編，藝文印書館輯百部叢書集成本。

69. 《雅雨堂叢書》，清盧見曾編，藝文印書館輯百部叢書集成本。

70. 《龍威秘書》，民國馬俊良編，藝文印書館輯百部叢書集成本。

71. 《彊村叢書》，民國朱祖謀編，民國間刊本。

72. 《叢書集成初編》，商務印書館編。

73. 《四庫全書珍本》，商務印書館編。

74. 《四部備要》，中華書局編。

75. 《澹生堂藏書約》，明祁承　撰，廣文書局。

76. 《唐宋元明百家詞》，明吳訥編，廣文書局。

77. 《流通古書約》，清曹溶撰，廣文書局。

78. 《藏書記要》，清孫從添撰，廣文書局。

79. 《書林清話》，清葉德輝撰，世界書局。

80. 《藏書紀事詩》，清葉昌熾撰，世界書局。

81. 《明代版本圖錄初編》，顧廷龍、潘承弼編，民國三十年開明書局影印本。

82. 《清史文苑傳》，清史編纂委員會編，國防研究院出版。

83. 《毛子晉年譜》，錢大成撰，國立中央圖書館館刊第一卷第四號。

84. 《蟫菴群書題識》，昌彼得先生撰，漢華文化事業公司出版。

85. 《版本目錄學論叢》，昌彼得先生撰，學海出版社。

86. 《説郛考》，昌彼得先生撰，文史哲出版公司。

87. 《圖書版本學要略》，昌彼得先生、屈萬里先生合著，華岡出版公司。

88. 《圖書印刷發展史論文集》，張錦郎先生、喬衍琯先生合輯，文史哲出版社。

89. 《汲古閣六十種曲敍錄》，金夢華先生撰，嘉新水泥公司文化基金會出版。

按：凡因撰刻書考而參閱之汲古閣諸刻本，及取以校勘之諸舊籍，均未列入此參考書目中。

説文解字標目

銀青光祿大夫守右散騎常侍上柱國東海縣開國子食邑五百戶臣

敕校定

説文解字弟一

一　於悉切　王　分王切　士　鋤里切

上　時掌切　王　魚欲切　古文上　中　丑列切

示　神至切　三　玨　古岳切　屮　丑列切

二　气　去訖切　艸　蘇老切

説文解字弟一上　漢太尉祭酒許慎記

銀青光祿大夫守右散騎常侍上柱國東海縣開國子食邑五百戶臣徐鉉等校

敕校定

十四部　六百七十三文　重八十一

凡萬六百三十九字

文三十一　新附

一惟初大始道立於一造分天地化成

書影一：説文解字（原書版框高 21.4 公分 × 寬 15.9 公分）

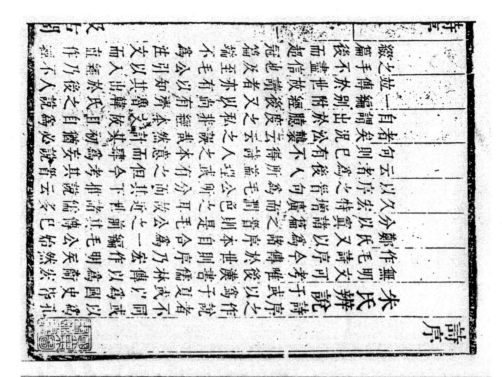

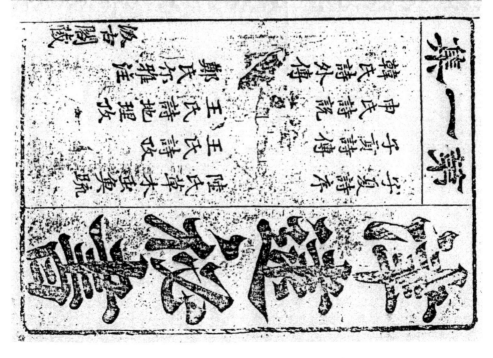

書影二：津逮秘書（原書版框高 19.3 公分×寬 14.5 公分）

浣花集卷一

延興門外作

雁臺方悟迴鸞處

清瑟怨遙夜

芳草臺邊行路人

浣花集卷第一

今體詩凡四十八首

明東吳毛子晉重訂

浣花集目錄終

雜公賦　焦崖閣　沂溪陝舊酌

過漢陝舊酌

十七

書影三：浣花集（原書版框高 20.5 公分×寬 14.4 公分）

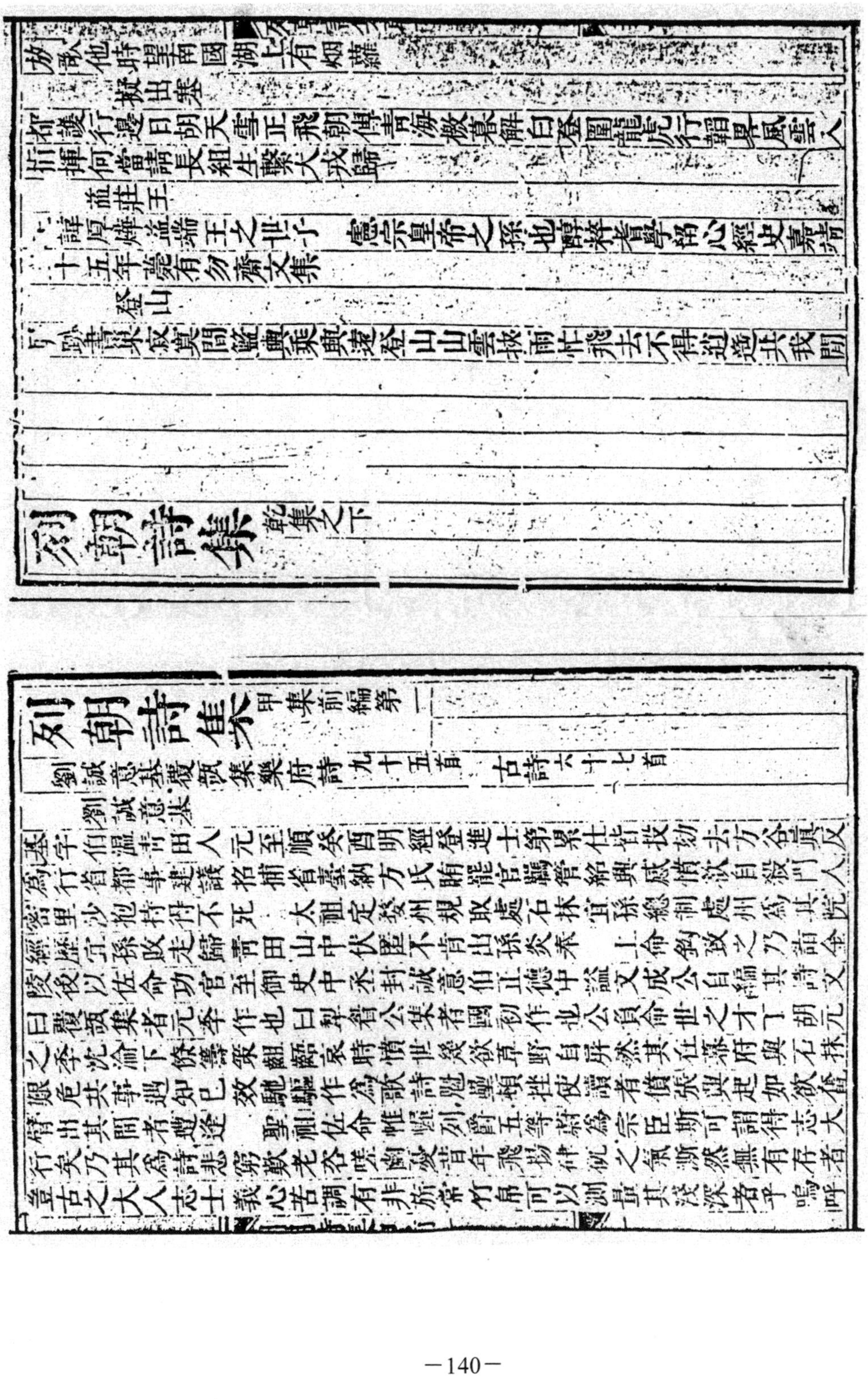

書影四：列朝詩集（原書版框高 20.5 公分×寬 13.2 公分）